우리
정치학
어떻게
하나?

국립중앙도서관 출판시도서목록(CIP)

우리 정치학 어떻게 하나? / 김영명 지음. --
서울 : 오름, 2006
    p. ; cm
참고문헌과 색인수록
ISBN 89-7778-257-0 93340 : ₩9000
340.911-KDC4
320.95195-DDC21   CIP2006000319

우리
정치학
어떻게
하나?

| 김영명 지음

| 들어가는 말

우리 정치학이 지나치게 미국 정치학에 종속되어 있다는 점은 많은 사람들이 오랫동안 지적해 왔다. 학문의 '토착화'가 필요하다는 점도 많은 사람들이 지적했다. 하지만 이런 상황을 개선하기 위해 발 벗고 나선 사람은 지금까지 아무도 없었다. 그래서 모자라나마 글쓴이라도 나서기로 했다. 글쓴이는 지난 몇 해 동안 우리 정치학의 필요성과 실천 방안을 이곳저곳에서 발표하였고, 실제 연구의 보기를 제시하려고도 하였다. 하지만, 글쓴이 역시 이 일에 매진하지는 못하여서 쌓인 글들이 많지는 않다. 그렇더라도 여기저기 흩어져서 사람들 눈에 잘 안 띄는 글들을 하나로 모아서 제시할 필요가 있는 것 같아, 지금과 같은 조그만 책으로 엮게 되었다.

이 책에서 나는 우리 정치학을 하기 위한 하나의 '본'을 보이려고 하였다. 물론 정제되지 못하고 거친 본이다. 하지만 뜻은 있으나 여러 여건이 여의치 않아 실천 못하는 사람들에게 용기를 북돋우고 길을 잡아주기 위해 이 책을 낸다.

나는 그전부터 '한글 사회과학'을 제창하였지만, 다른 방식으로 우리 학문을 하려는 사람들도 있을 수 있고, 그 방법들도 존중한다. 그 다른 방식 가운데 대표적인 것은 한문 고전과 우리 전통을 통해 서양과 다른 것을 만들어보려는 것이다. 나는 그런 방법이 어떤 성과를 낼 수 있을지 썩 기대하지는 않지만, 그런 노력 자체는 존중한다.

글쓴이가 한글 사회과학을 제창하였다고 하여 그것을 그대로 실행한 것도 아니다. 실행을 한 것이 있다면 모든 글에서 되도록 쉬운 우리말을 쓰려고 했고 참고문헌 표기를 제외하고는 모두 한글로 썼다는 점이다. 그러니 '한글 사회과학'의 기본 또는 첫 단계(제2장 참조)는 지킨 셈이다. 여기서 한 걸음 더 나아간 '우리말로 학문하기'는 시작도 채 못했고, 글쓴이 단계에서 직접 할 수 있을 것 같지도 않다. 잘 되면 후배들의 몫이고 안 되면 소리 없이 사그라들 것이다. 실제로 이 책에서 제시한 '우리 정치학'의 내용은 주로 우리의 '시각'과 우리의 특수한 '문제'들에 초점을 맞춘 것이다.

글쓴이는 정치학의 여러 분야에서 우리식으로 한다는 것이 어떤 것인지 그 보기를 제공하기 위해 이 글들을 썼다. 각 분야의 전문가들에게는 물론 아주 초보적인 글들이다. 각 주제에 대한 본격 연구가 아니라 우리식의 문제의식을 드러내고 연구 주제들을 제시하는 것이 목적이기 때문이다.

이런 식의 문제의식과 연구 주제들은 많은 사람들이 발전시켜야 비로소 하나의 학문으로 설 수 있다. 그렇게 될 수 있을지, 솔직히 글쓴이는 그렇게 낙관하지 않는다. 우리를 지배하는 서양 학문의 패권이 워낙 세기 때문이다. 그 패권 속에 파묻혀 있는 대부분의 한국 정치학자들 가운데 그것을 떨치고 나와 글쓴이와 함께 초보적인 작업부터 시작할 사람이 몇이나 될지 의심스럽다. 말하자면 나는 지금 서양 빌딩이 즐비한 강남 한복판에서 삽자루 하나 들고 한옥을 짓겠다며 땅을 파기 시작한 셈이다. 아니 한복판은 땅값이 비싸서 못하고 어느 뒷골목에서 삽질을 하기 시작했다. 뒷골목이니 많은 사람들이 보지도 않지만, 보는 사람들은 재미있어 하기도 하고 웃기도 한다. 강남 뒷골목에서 삽질하는 사람에 대한 풍문이 돌자 건축업자들은 공감하기도 하고 딱해하기도 한다. 하지만 대부분은 무관심하다. 같이 하겠다며 삽 들고 나서는 사람은 별로 없다.

이 책을 보고 공감할 사람도 있고 비웃을 사람도 있을 것이다. 공감할 사람은 우리 학문이 너무 외국 학문에 의존하고 있어 새로운 방향을 모색해야 한다는 점에 공감할 것이다. 비웃을 사람은 그런 문제 자체를 부정하거나 긍정하더라도 어쩔 수 없다고 생각하고 이 책에서 선보이는 내 글들이 자신이 생각하는 학문의 수준에 부합하지 않는다며 비웃을 것이다.

먼저 비웃을 사람에게 말하겠다. 세종 임금이 한글을 창제할 때 최만리와 집현전 학자들은 문명을 등진 야만스런 글자를 만들었다고 세종을 나무랐다. 유길준이 『서유견문』을 한국 학술사에서 처음으로 국한문 혼용으로 집필하자 한 동무가 세상의 비웃음을 살 것이라 하여 그를 진심으로 걱정해 주었다.

이 글들을 세종의 한글이나 유길준의 서유견문에 비견하려는 것이 아니다. 단지 우리 정치학이 없는 현실에서 그것을 한번 만들어보자는 첫 시도로서 나온 이 글들을 100년이나 200년 뒤의 우리 후손들이 보고, "아, 당시에도 이런 고민들이 있었구나!" 하고 머리를 끄덕여 준다면 그것으로 목표는 달성한 셈이다. 아니 그것을 바랄 만큼 내 욕심이 크다고 해도 좋다. 후손에게 부끄럽지 않기 위해 동시대인을 위해 기록을 남기려는 것이다.

다음으로, 이 글들을 보고 공감할 사람들에게 말한다. 머리를 끄덕이면서 공감만 하지 말고, 이 책에서 제시한 방법을 따르든지 다른 어떤 방법을 택하든지, 외국 학문을 그대로 들여오지 않고 자기 것, 우리 것을 만들려고 노력해주기 바란다. 대부분 경우에는 지금까지처럼 하더라도 가끔씩은 뭔가 다른 것, 곧 우리 것 또는 자기 것을 해보려고 노력해 주기 바란다는 말이다. 꼭 한국적인 것이 아니어도 좋다. 어느 나라적이든 일단 '자기 것'을 만들려고 노력해주기 바란다. 그러다 보면 한국적인 것도 나올 수 있다.

　이 책에 실은 글들은 대부분 이미 다른 곳에 발표했던 것들이다. 이런 식으로 이미 나온 글들을 모아 책을 내는 것은 이번이 처음이다. 별로 흔쾌하지는 않으나, 글들이 여기저기 흩어져 다른 사람들의 눈에(심지어 내 눈에도!) 잘 안 띄는 것 같아 한 곳에 모을 필요를 느꼈다. 이를 책으로 내면서 조금 수정하기는 하였지만, 대부분 원래대로 내었다. 각 장의 출전은 다음과 같다.

　　제1장의 "한국 정치학 발전하고 있는가" 중의 "세계 속 한국 정치학의 몫," 『한국정치학회 소식』 제24집 5호 (2000).

　　제2장: "한글 사회과학의 모색"에서는 한국정치학회 기획학술회의, "21세기 한국 정치학의 쟁점과 과제"(2000년 2.10-11. 외교안보연구원 대회의실) 발표문. 그리고 좀 다른 형태로 필자의 『나는 고발한다: 김영명 교수의 영어 사대주의 뛰어넘기』(서울: 한겨레출판사, 2000)에 실은 바 있으며, 후반부는 "한글 사회과학을 세우자"라는 제목으로 『정신문화연구』에 실었다.

　　제3장 "우리 정치학의 모색: 문제와 국제정치학의 예," 『정신문화연구』 26:1 (2003 봄).

　　제4장 "세계화와 민족주의: 약소국의 시각," 『한국정치학회보』 36:2 (2002 여름).

　　제5장 "한국 정치와 정치사상"은 새로 쓴 글.

　　제6장 "한국·한국인의 특징: 이론적 검토와 분석틀," 『신뢰연구』 (한림대학교 한림과학원) 14: (2004).

2006년 1월
김영명

| 목 차 |

제1장
한국 정치학, 발전하고 있는가?

가. 들어가는 말

한국 정치학의 역사는 해방 이후로 따져도 50년이 넘었다. 그 동안 정치학자의 숫자는 비교할 수 없을 만큼 늘었고, 연구 업적도 수없이 쌓였다. 외국 학계와의 교류도 활발해졌고, 겉으로 보면 세계 어느 나라에 내놓아도 뒤지지 않을 만큼 정치학계는 성장하였다. 최근 들어 실용 학문을 선호하는 분위기 때문에 조금 위축된 느낌도 없지 않으나, 한국 사람들의 정치지향성 때문에 한국 정치학은 그 동안 상당한 힘을 가질 수 있었다.

그런데 그런 성장만큼 한국 정치학은 과연 그 내용과 질이 발전해 왔는가, 또 발전하고 있는가? 이런 질문에 선뜻 그렇다고 대답할 수 없는 것이 현실이다. 아니 오히려 후퇴하고 있는 것은 아닐까 하는 의문마저 든다.

나. 한국 정치학의 지금 모습

이런 물음은 많은 사람들에게 충격을 줄지도 모른다. 그러면 나는 왜 이런 충격적인 물음을 던지는가? 한국의 정치 연구는 양으로 볼 때 과거와 비교할 수 없이 많아졌고, 질로 따져도 그 세련성이나 충실함이 과거보다 나아지고 있는 것이 사실이다. 하지만 우리 정치학자들은 과거 30년 이상 '자아준거적 정치학'을 틈만 나면 얘기해 왔지만, 아무도 우리 정치학의 독창적인 발전을 위해 발 벗고 나서지 않았고, 그런 연구 업적도 쌓이지 않았다. 생각나면 그저 한마디씩 해보는 겉치레 말로, 데면데면한 어중잡이 신자의 교회 가기와도 같았다. 그마저도 가는 게 안 가는 것보다는 낫다고 자위해야 할까?

항간에서는 서구중심주의를 넘어서자는 제안도 나와 호응을 받았다.[1] 중요한 제안이기는 하나 이런 말은 이미 70년 전에 철학자 박종홍이 한 뒤로 수도 없이 해 온 말이다.[2] 서양 중심주의를 넘기 위한 구체적인 행동을 하지 않는 한 그 말을 좀 더 세련되게 한다고 해서 사정이 별로 달라질 것은 없다. 그러다 보니 한국의 정치학은 아직도 거의 철저하게 미국 정치학에 종속되고 '한국정치학회보'는 한국어로 된 미국 정치학회 한국지회보를 넘지 못하는 것이 현실이다.

한국 정치를 연구 대상으로 삼는 사람들조차 미국에서 나온 개념과 이론을 한국에 적용하는 수준을 아직도 넘지 못하고 있다. 이를 극복하자는 말이 나온 게 도대체 몇십 년 전인가? 미국 스승을 충실히 따르는 학자를 한국을 대표하는 정치학자로 추앙하며 그의 정치학을 '한국적 정치학'이라고 받드는 웃지 못할 일도 벌어지고 있다.[3]

---

1) 강정인, 『서구 중심주의를 넘어서』(서울: 아카넷, 2004).
2) 박종홍, "'우리'와 우리 철학 건설의 길," 『전집 I』(서울: 민음사, 1998). 박종홍도 문제 제기만 했을 뿐 이에 대해 아무 것도 하지 않았다. 못했다고 하는 것이 더 정확할지 모르겠다. 그런 그가 우리 철학계의 신처럼 받들어지는 것이 우리 철학의 수준이다.
3) 교수신문사에서 얼마 전에 펴낸 자생적 학문에 관한 책은 믿을 수 없다. 대부분

한편에서는 서양 학문을 넘어보자며 한문을 배우고 중국 고전이나 우리 옛글을 뒤적이지만, 별다른 성과가 없다. 한문을 배워서 어떻게 하겠다는 뚜렷한 설계가 없기 때문이다. 선배들이 한문을 배우다 말고 그러면 또 후배들이 한문을 배우다 말고, 거기서 한 치도 못 나가고 제자리를 맴돌 뿐이다. 아무런 축적이나 전진이 없다. 한문을 배우는 것도 좋고, 꼭 필요한 경우도 있다. 하지만 나는 감히 제안한다. 사회과학자라면 오히려 그 시간에 번역본들을 다 읽고 거기서 자기 것을 만들어 내라. 우리가 영어 원전을 못 읽어서 자기 것을 못 만드는 게 아니듯, 한문 원전 읽는다고 자기 것이 나오는 게 아니다.

정치사상학자들은 여전히 서양 철학자들의 사상을 해설하기에 바빠 한국에 중요한 문제를 다루지 못한다. 그 문제의 해결책을 제시하기는커녕 문제 자체를 제대로 집어내지도 못한다. 우리 정치학자들 가운데 영어 못 읽는 사람이 없고 이제 학생들도 점점 영어 실력이 좋아지는데, 해설을 보려면 영어 해설을 보지 무엇 하러 한국어 해설을 보려 하겠는가? 이제 이들의 해설자·통역자 역할도 줄어들 텐데, 역할을 바꾸어야 할 것이다.

국제정치학자들은 미국의 국제정치학이 패권국가의 세계 경영을 위한 학문이라는 걸 아는지 모르는지, 이 역시 번역 또는 번안하기에 여념이 없다. 약소국(강소국?) 한국의 시각에서 본 국제정치학이라는 것은 없다고 해도 과언이 아니다. 아니, 없다! 그런 국제정치학 교과서가 나올 때도 지났지만, 아직도 안 나왔다.[4] 미국의 대한 정책을 다룬 박사 논문은 수없이 많아도 한국의 대미 정책, 아니 더 크게 보아 한국의 외교정책에 대한 글은 잡글을 포함해도 매우 드물다. 모두

이 알맹이 없는 껍데기에 불과하다. 교수신문사 역음, 『오늘의 우리 이론 어디로 가는가: 현대 한국의 자생 이론 20』(서울: 생각의 나무, 2003).

4) 일본과 비교해 보자. 일본에서는 그래도 일본의 입장에서 본 국제정치학이 나온다. 다나카 아키히코 지음, 이웅현 옮김, 『새로운 중세』(서울: 지정, 2000). 그만큼 한국의 정치학이 일본보다 뒤져 있다.

미국인이 지적한 문제와 미국인이 만든 이론과 미국인이 공개한 자료
들에 의존하기 때문이다.

'미국과 5·16 쿠데타의 원인' 비슷한 제목의 논문들이 최근에 나와
웬일인가 하고 보았더니, 역시 미국 쪽에서 관련 자료를 공개해서였
다. 자료 공개에 따른 연구는 물론 필요하다. 하지만 이 역시 한국 정
치 연구의 방향이 미국 쪽의 동향에 따라 움직이는 것을 상징한다. 더
구나 그 내용도 미국이 쿠데타 성공에 기여했다는 것이지 발발 원인
에 관한 것은 아니었다. '성공 요인'과 '발발 원인'을 구분 못할 정도로
우리 학자들이 총기를 잃은 것은 아닐테니, 이런 혼동 역시 '최신 미
국 자료 이용'이란 사실에 흥분한 탓이 아닐까?

우리 정치학자들 가운데 자기 것을 가진 사람은 아무도 없어 보인
다. 자기 것이 꼭 한국적인 것을 뜻하지는 않는다. 한국적이든 미국적
이든 자기가 개발한 개념이나 분석틀로 문제를 설정하고 설명하는 것
을 말한다. 이론 개발까지는 말하지도 않겠다. 그런 사람은 아무도 없
고, 그런 시도라도 하는 사람이 있는지 없는지 모르겠다.

이런 점에서 우리 정치학이 옛날보다 오히려 후퇴하고 있는 것이 아
닌가 하는 우려마저 드는 것이 사실이다.『한국 외교의 이상과 현실』
이란 제목의 책이 나온 것이 40년 전인데, 아직도 그에 필적할 만한
본격적인 한국 외교정책 연구서가 안 나왔다.5) 비슷한 제목의 한두
개밖에 안 되는 교과서들을 보니 미국의 외교정책론을 옮긴 뒤에 한
국 관련 국제관계에 대해 서술하고 있었다. 국제관계와 외교정책이
다르다는 점은 다 알 것이다. 이용희 교수는 1962년에『일반 국제정
치학(상)』(박영사)을 내어 자기 나름대로의 국제정치관을 피력했다.
그 뒤로 과연 누가 약소국 한국의 입장을 앞세운 국제정치학 논문이
나 입문서를 썼는가?6) 지금도 일부 원로 정치학자들(김용구, 진덕규

---

5) 이호재,『한국 외교정책의 이상과 현실: 해방 8년 민족 갈등기의 반성』(서울: 법
   문사, 1986).
6) 이용희 교수도 그 책의 '상'만 쓰고 '하'는 쓰지 못했다. 그리고 그 책이 얼마나 독

등)은 자기 나름대로의 학문적 성과를 이루려고 노력하고 있다. 그들은 대개 국내 박사들이다.

이에 비해 젊은, 또는 중견 학자들은 무엇을 하고 있는가? 견고한 주류 미국 정치학과 그 패에 갇혀 조금도 나오지 못하고 있다. 젊은 학자들은 기성학계의 문턱을 넘어 제도권에 끼기 위해, 살아남기 위해 창의성을 죽이고 있으며, 나같이 살아남아 남 눈치 볼 일이 적어진 사람들은 타성에 젖어 새로운 시도를 할 생각도 하지 않는다. '범법과 학'(김웅진의 표현)을 시도하려는 용기와 의지를 가진 사람이 그리도 없을까? 정치학자들이 경제학자 다음으로 보수적인 사회과학자라는 사실이 여기서도 드러난다. 기존의 틀을 벗어나 자기 나름대로 무엇을 해 보려는 사람이 너무 적다는 말이다. 다른 학계에서 활발하게 일어나는 논쟁들도 정치학계에서는 찾아볼 수 없다. 모두 미국 학계와 그 위성인 한국정치학계, 그리고 그 안에서도 패권을 잡은 몇몇 학맥에 얽매여 그 자리를 맴돌며 세력만 넓히려 할 뿐이다.

물론 처음에 말했지만 한국 정치학이 발전하고 있는 측면도 있다. 최근 몇 년 동안 나온 지역주의에 관한 연구와 논쟁들은 매우 건강하고 생산적이다. 그리고 정당과 선거 연구들도 활발하고 재미있다. 하지만 전체적으로 우리 정치학은 한계가 뚜렷하다. 왜 한국인이 한국에서 정치학을 하는지부터 다시 생각해 보아야 한다. 물론 나라에 관계없이 보편적인 문제들도 많기 때문에, 이런 점에서는 굳이 '우리 학문'을 해야 할 필요는 없다. 이럴 경우에는 앞선 외국의 학문을 들여오면 된다. 하지만, 외국과는 다른 우리에게 고유한 정치적인 문제가 많이 있는데, 이런 부분마저 외국 이론에 의존하거나 외국 이론이 다루지 않는다고 무시하는 것이 문제라는 말이다.

창적인지에 대해서는 아직도 판단이 안 선다. 그 뒤에 구영록 교수가 전쟁과 평화, 한국의 국가 이익에 관한 이론서들을 썼다. 크게 독창적이지는 않지만 한국의 경우를 감안하여 미국 이론을 가공한 수준 높은 저작들이다. 구영록, 『한국의 국가 이익』(서울: 박영사, 1995) 참조.

요즘은 세계화 시대라고 하여 강의도 영어로 해야 한다고 난리들인데, 그렇게 되면 한국의 정치학자들은 더 설자리가 없어지게 된다. 미국 정치학을 영어로 강의할 바에야 필리핀 사람들이 한국 사람보다 더 낫지 않겠는가. 영어 잘 하는 필리핀 교수들을 싼값에 고용하는 것이 더 낫지 않겠는가? 실제로 그런 일이 일어나고 있다.

'한국 정치학'을 못 만들 바에야 한국 정치학자들은 필요 없다. 한국 정치학자들의 존재 이유는 우리 정치학을 만들어 한국의 문제를 풀어 나가는 것이다. 모두 우리식으로 하자는 말이 아니다. 70%는 외국 것을 옮기더라도 30% 정도는 외국과 다른 것을 해 보자는 것이다. 지금은 10%도 못하고 있다. 그것이 정말 불가능한 일일까? 한국 정치학, 정말 발전하고 있는가? '그렇소!'라고 대답할 수 없는 것이 아쉽고 안타깝다.

다. 한국 정치 연구, 무엇이 부족한가?

글쓴이는 최근에 한국 정치에 관한 연구 성과들을 훑어보다가 다음과 같은 느낌을 받았다. 이는 정당, 선거 연구 등 미시 분석이 아니라 주로 정치 구조와 그 변화를 다루는 거시적 분석에 대한 필자의 느낌이다.[7] 한국 정치에 대한 한국 정치학자들의 연구가 주체적이지 못하고 여전히 외국, 특히 미국 학자들의 영향과 지도를 벗어나지 못하고 있는 점을 쉽게 알 수 있었다. 정치학의 다른 분야에서도 마찬가지겠지만, 특히 한국 정치 영역에서는 한국 학자들이 주도하는 점도 있어야 할 터인데 그렇지 못한 현실이 안타깝고, 더 큰 문제는 그런 문제 자체를 별로 인식하지 못하고 있다는 점이다. 느낀 점들을 간단히 나

---

7) 미시 분석은 필자의 전문 분야가 아니므로 언급하지 않겠다. 사정은 비슷할 것 같지만, 선거 분석 등 미시 분석은 한국적 특수성이 덜 두드러지는 분야이므로 문제가 덜 심각할 수 있다.

열해 보자.

1) 독창적인 분석틀 개발이 없다. 외국(서양-미국) 이론과 개념들을 별다른 변형 없이 수입·적용하는 데서 아직도 벗어나지 못하고 있다. 거기에 안주하여 벗어날 노력도 하지 않는다. 대표적인 한국 정치 연구자라는 사람들이 이용하는 개념과 분석틀은 모두 미국 학자들의 것이다.

2) 여기서 독창적인 분석틀이라고 하는 것이 반드시 서양 이론과는 다른 한국의 독자적인 이론이나 분석틀을 말하는 것은 아니다. 그런 것은 물론 없고, 서양 이론의 틀 안에서라도 '자기 것'을 만들지 못하며 그런 노력 자체가 부족하다는 말이다.

3) 물론 한국 정치 연구가 전혀 발전이 없다는 말은 아니다. 시간이 지날수록 과거에 비해 연구의 대상이 넓어지고 깊이도 생기며, 한국 정치의 현안과 주요 쟁점들에 대한 분석은 때때로 날카롭고 통찰력이 있다. 그러나 그런 경우에라도 자신의 분석틀을 만들지 못하기 때문에, 많은 경우 학술 논문이라기보다 정치 평론 또는 고급 저널리즘의 성격이 강하다.

4) 그러면서도 외국에서 개발된 개념들을 많이 적용하는데, 필자의 눈에는 생경한 개념들을 필요 이상으로 자주 동원한다. 쉬운 말로 할 수 있는 것에도 불필요한 학술 용어를 동원한다는 뜻이다. 이를 달리 보면 그만큼 우리말을 자유로이 구사하지 못한다는 말도 된다.

5) 한때 거시적인 한국 정치 연구를 그레고리 헨더슨과 브루스 커밍스가 대표했다면 최근 10~20년 동안에는 기예르모 오도넬, 필립 슈미터와 아담 쉐보르스키가 좌우하는 것 같다. 또 요사이는 민주화

정착에 관해 래리 다이아몬드를 많이 보는 것 같다. 그들에게 배웠거나 영향 받은 한국의 정치학자들이 그들의 이론과 개념을 직수입하여 사용하고, 그 제자들이 한국 정치학계의 한가운데 있기 때문이다. 한국적이든 아니든 더 이상의 이론 개발은 보기 어렵다. 아직도 한국 정치 연구의 방향을 미국인이 제시하는 서글픈 현실을 여기서도 확인할 수 있다.

라. 왜 우리 정치학을 안 할까 또는 못 할까?

이 책의 여기저기서 우리가 왜 우리 나름대로의 문제의식과 방법을 통해 우리식 정치학을 하지 못하는지에 대해 말하고 있다. 두서없이 여기저기 흩어져 있으므로, 이 자리에서 이를 요약 정리해 보자.

우선, 우리의 독창적인 이론이나 개념 창조의 밑바탕이 없어서, 이를 시도하는 사람은 모두 새로 시작하는 개척자가 되어야 한다. 한국 사람뿐 아니라, 그리고 정치학자뿐 아니라 보통 사람들은 개척자가 될 소질이나 능력이 없다. 그러니 시작이 어렵고, 그래서 시작을 못하는 것이다. 그래서 누군가 자기희생을 해서라도 우리 정치학을 시작할 사람이 필요하다. 대부분의 사람들이 그럴 자신이나 용의는 없고 그저 한마디씩 던지는 것으로 만족한다.

둘째, 미국 정치학에서 제기하는 문제를 따르지 말고 정작 한국에 중요한 문제를 연구해야 한다고 하면 당장 나오는 말이 자료가 부족하다는 말이다. 예를 들어 '미국의 대한 정책'보다는 '한국의 대미 정책'을 더 많이 연구해야 한다고 하면, 자료가 없어서 할 수 없다고 한다. 자료가 부족한 것은 사실이다. 그러나 글쓴이는 그래도 부족한 자료를 가지고서라도 한국의 대미 정책을 연구해야 한다고 주장한다. 부족한 자료로 연구하면 아무래도 그 연구가 초보적이고 엉성하게 되기 쉽다. 연구자들은 그것을 두려워하는 것이다. 그러나 아무리 초보적이고 엉성해도 우리에게 필요한 연구는 반드시 해야 한다. 우리가 연구하는 목적이 무엇인가? 우리가 정치와 외교와 사회 현상을 연구하는 목적이 세련된 이론을 만들기 위해서가 아닐 것이다. 그보다는 오히려 정치와 외교와 사회를 발전시킬 방안을 알아보기 위해서일 것이다. 그러면 두려워해야 할 것은 연구의 엉성함보다는 오히려 해야 할 연구를 안 하는 직무태만이 아니겠는가?

셋째, 그런데 독자적 연구를 기피하는 이러한 현상을 개별 연구자의 책임으로만 돌릴 수는 없다. 미국 정치학의 패권이 워낙 강하여서, '엉성한' 한국 연구로는 학계에 발붙이기가 어려운 학문과 학계의 구조가 더 큰 문제다. 당장 그런 논문은 학술지에 실리지 않을 것이고, 학술지에 논문을 발표하지 못하면 그 연구자는 학계에서 직장도 얻지 못하고 인정도 받지 못할 것이다. 그러니 젊은 연구자들은 아무도 감히 기존 학문의 편향성에 도전할 꿈을 꾸지 못한다. 아니 학계에서 살아남기 위해 오히려 더 적극적으로 미국식 사고와 방법과 말을 익히고 패권 구조의 충실한 일원임을 증명하기에 정성을 다할 것이다. 이런 점은 외국 박사나 국내 박사나 마찬가지다. 국내 박사는 외국(특히 미국)에서 학위를 하지 못한 '원죄'를 만회하기 위해 오히려 더 충실하게 미국 학문을 따르려고 노력할지 모른다.

넷째, 이런 현상은 또 학문의 수준과 특정 연구의 중요성을 평가하는 데 미국식의 기준을 그대로 따르는 문제와 연결된다. 우리와 좀 동떨어진 문제를 다루더라도 방법, 이론, 개념화, 논리 전개, 선행 연구 인용 등등에서 미국 기준으로 더 충실한 연구물이 더 나은 평가를 받고, 이런 점에서 불가피하게 뒤질 수밖에 없으나 우리에게 더 중요한 문제에 대한 '엉성한' 연구물은 배척당하기 일쑤다. 이런 점에서 '학문의 수준'이 과연 무엇인가 하는 질문을 하지 않을 수 없는데, 이에 대해서는 제2장에서 자세히 다룬다.

다섯째, 이 모든 문제들은 결국 나라 안팎에서 존재하는 학문의 패권과 관련된다. 미국 정치학이 한국 정치학계를 지배하고 있는 것은 연구물뿐 아니라 학자들의 면면에서도 확인된다. 미국의 저명한 몇몇 학자들을 신주 모시듯 하는 한국의 정치학자들이, 또는 그들로 이루어진 몇몇 집단들8)이 한국의 정치학계에 커다란 영향을 미치고 있다. 그들의 연구 업적 자체야 평가할 만하지만, 한국의 독자적인 정치학 발전에는 결코 유리한 현상이라고 할 수 없다. 사정이 이렇다보니 신진 학자들뿐 아니라 중견 학자들도 자기 나름대로의 독창적인 연구를 해 볼 엄두를 내지 못하는 게 현실이다. 젊은 시절부터 학문의 종속적 패권 구조에 젖어있다 보니, 이를 벗어나고자 하는 뜻 자체를 잊어버리는 경우가 대부분이다.

마지막으로, 정치학에 국한된 문제가 아니라 우리 학계 전반에 만연한 위선 혹은 비겁함을 고발한 필자의 수필을 싣는다. 위의 논지와 중복되지만 참고해 주기 바란다.9)

◆ 가짜가 판치는 사회

요즘 들어 서양 학문에 대한 종속을 극복하고 우리의 자생적 학문을 일구어야 한다는 소리가 높아졌다. 바람직한 현상이지만 뭔가 잘못 돌아가고 있는 듯한 느낌이 있어 한마디 한다. 서양 학문에 매몰되지 말고 우리 것을 만들자는 얘기는 백 번 지당한 말이지만, 정작 무엇이 문제이고 무엇을 어떻게 해야 하는지에 대해서는 제대로 생각들을 못하고 있다. 그래서 엉뚱한 것들을 '우리 학문'으로 칭송하고 엉뚱한 사람들을 우리 학문의 공로자로 받드는 웃지 못할 일들이 벌어지고 있다.

우선 우리 학문을 해야 한다고 주장하는 사람들 자신이 주장만 할

---

8) '집단' 대신 순우리말인 '무리'라는 표현을 쓰고 싶지만, 이는 안 좋은 어감을 주므로 포기한다. 이렇게 우리말은 나쁜 뜻이고 한자말이 좋은 말이며 영어가 최상의 말인 경우가 너무 많다. 이 또한 이 글의 주제와 무관하지 않다. 한자말보다 순우리말이 더 좋은 의미인 경우는 딱 하나 생각난다. '인간'과 '사람'이다.

9) 『국민일보』(2005년 7월 1일)에 실린 글.

뿐 실제로 이를 시도하지 않는다. 그들이 하는 일은 실제 뻘밭에 뛰어들어 조개를 캐려는 것이 아니라, 다른 사람더러 왜 조개를 캐지 않고 수입산 조개만 먹느냐고 나무라는 일이다. 그러면서 그날도 그는 수입산 조개를 먹는다. 조개 캐는 일은 더럽고 조개 캐자는 권유는 고상하다. 그 고상한 일을 온갖 수입산 언어로 온갖 폼을 다 재면서 설교한다. 근대성이 어떻고 서양중심주의가 어떻고 유교가 어떻고 해가면서 대중을 현혹하면, 언론과 '담론계'에서 한 자리를 차지하고 자기 이름은 높아간다. 우리 학문을 진짜로 하는 소수의 학자들이 이를 두고 '지도 교수 역할'만 한다느니 선수 노릇은 안 하고 '심판 노릇'만 한다느니 했지만, 그들은 점잖아서 그렇지 점잖지 못한 나는 이를 '담론 이빨까기'로 표현한다. 한마디로 폼재기 현학일 뿐, 우리 학문 만들기에 아무런 도움이 안 된다.

이런 주장들은 이미 70년 전에 철학자 박종홍이 했고 30년 전에 정치학자 문승익도 했다. 지금 하는 짓들은 이들이 한 말에 그럴듯한 치장만 더하는 것일 뿐이다. 학술은 없고 담론만 있는 한국 지성계의 척박함이다. 뛰어들지 않고 훈수만 두는 한국 학계의 비겁함이다.

물론 좀더 구체적인 제안들도 나왔다. 학문과 행동 양쪽에서 많은 공헌을 한 강만길, 백낙청 씨들이 제시한 '분단 사학' '분단체제론' 등이다. 그러나 이런 것들은 상식적이고 지당한 제언들일 뿐, 구체적인 연구로 뒷받침되지 않는다. 이런 알맹이 없는 제언들이 떠들썩한 관심을 끄는 것 또한 한국 지성계의 척박함을 반영한다. 별다른 내용 없는 분단체제론을 그렇게 요란하게 만들 수 있는 그 능력이 감탄스럽다.

그 능력은 무엇보다 패거리 만들기에서 나온다. 학술에서 패거리가 없을 수는 없다. 동서양 모든 학문의 발전은 지적 패권 투쟁을 통해 이루어졌다. 그 속에서 일어나는 온갖 추한 작태들도 기록될 만큼 되어 있다. 하지만 지적 패권 다툼은 적어도 다툴 내용을 가지고 해야 한다. 지금 한국에서는 내용도 없는 것을 가지고 다툼도 없이 패권만 쌓으니 더 문제라 할 수 있다.

정치학에서는 '한국 민주주의론'을 정립했다고 아무개 교수가 칭송받는다. 그러나 그 한국 민주주의론은 그냥 한국 민주주의에 대한 연구이지 독창적이지도 않고 자생적이지도 않다. 오히려 미국 스승의 이론과 분석을 그대로 들여와서 한국에 적용하는 지극히 미국적인 연구들이다. 한국을 대상으로 한다고 한국적 연구가 되지는 않는다는 점은 누구나 알 터인데, 이를 한국적 연구라고 하니 이 또한 학문 패권·패거리 때문이라 아니 할 수 없다. 더 문제는 그가 미국 학자만 인용하고 국내 학자들은 참고하면서도 제대로 인용하지 않는다는 점이다.

진정한 우리 학문은 우리 자신의 문제를 포착하여 실제 연구를 하는 데서 출발한다. 이를 위해 고유한 또는 독창적인 개념, 분석틀, 이론을 개발해야 한다. 그리고 되도록 우리말 용어를 사용하고 자연스럽고 세련된 우리말 문장을 구사해야 한다. 우리 학문을 주장하는 '담론'들이 고약한 한국어와 생경한 외국어로 가득 찬 현실은, 그들이 우리 학문에 진정한 뜻이 없거나 뭔가 대단히 착각하고 있음을 보여준다.

소수이지만 한국적 학문을 일구기 위해 정말로 노력하는 사람들도 있다.10) 이들은 오히려 주목받지 못하고 사이비들이 판치는 한국 지성계의 풍토, 이를 극복하는 날이 바로 한국 학문을 일굴 수 있는 날이 될 것이다.

마. 정치학은 패션쇼?

위와는 조금 다른 얘기다. 유명한 의상 디자이너인 구찌인지 카르뎅인지가 더 이상 패션쇼를 안 하겠다고 선언하면서 요즘 패션쇼가 입지도 못하는 옷을 과도하게 상품화만 한다고 비판하자, 다른 늙은 디자이너들이 "당신이 먼저 시작하지 않았느냐?"고 반박했다고 한다. 요즘 패션쇼는 정말 아무도 못 입는 옷 전시장이다. 이러다가 투명 옷 패션쇼로까지 가지 않을까 자못 흥미롭다.

요즘 느낀 바가 있어 한국 정치에 관한 연구 성과들을 다시 정리하

---

10) 예를 들어, 최봉영, 『본과 보기의 문화 이론』(서울: 지식산업사, 2002). 글쓴이가 최근에 발표한 김영명, 『신한국론: 단일 사회 한국, 그 빛과 그림자』(고양: 인간사랑, 2005)도 이런 범주에 속한다.

고 있는데, 드는 느낌이 비슷하다. 한국 정치에 관한 자기 분석틀이 없다고 위에서 비판했지만, 다시 생각해보면 정치 현실을 이해하거나 옳은 방향을 제시하기 위해 과연 얼마나 이론화, 개념화, 엄밀화가 필요할까 하는 생각이 든다. 서양적인 과학의 엄밀성에 대한 회의라고 할 수 있다(제2장에서 좀더 자세히 다룰 것이다).

예를 들어, 한국 정치학이 발전 못해서 한국 정치가 발전 못하나? 정치를 발전 못시키는 정치학이 엄밀해지면 그게 무슨 소용인가? 플라톤과 그 이후의 수많은 여러 사람들이 '정의'란 무엇인가 하고 온갖 이론들을 내놓았지만, 정말 정의가 무엇인지 명확하고 엄밀한 관념이 있어야 정의를 잘 실현할 수 있을까? 타고난 정의감과 판단력(그리고 기초 윤리 교육, 기초 정치 교육)이 있는 사람이 그렇지 못한 정의 전문 학자보다 더 정의롭게 행동할 수 있지 않을까? 그러니 학문이 사회 발전에 기여하는 것은 제한되었고, 나머지는 학문을 위한 학문, 학자의 밥벌이와 위신을 위한 학문이 아닐까? 디자이너의 패션쇼처럼 말이다.

예술에 대해서도 같은 생각이 든다. 대중은 어려운 엘리트 예술을 이해하지 못한다. 그런데 요즘은 이해 못할수록 더 좋은 예술이라고 한다. 예술에 뛰어난 재질을 타고난 사람들은 물론 대중 예술의 범속함을 참지 못한다. 내가 시시한 정치학 논문을 참지 못하는 것과 마찬가지다. 하지만 그런 고급 예술이 인간 정신의 고양에 얼마나 기여할까? 소수의 엘리트 자기들끼리만 아는 것인데.

이런 비유는 틀릴까? 더러운 것을 지나치게 참지 못하는 '깨끗이'들은 담배꽁초가 떨어졌네, 흙이 묻었네 하면서 온갖 잔소리를 해댄다. 그러나 깨끗함의 기준을 그 사람들의 기준으로 삼아야 할까? 현미경으로 들여다보면 그 사람들도 더러움 투성이다. 그런 청결 결벽증이 과연 우리 위생에 얼마나 도움이 될까? 물론 깨끗할수록 위생에 좋겠지만(아니 꼭 그렇지도 않다. 지나치게 깨끗하면 면역성이 없어진다), 위생에 나쁘지 않을 정도의 깨끗함을 넘어서는 깨끗함을 우리는 무조건 찬양해야 할까?

고도의 고급 예술, 고도의 학문, 고도의 패션쇼가 인간 삶의 향상에 정말 이바지하는 것일까, 아니면 자기들끼리의 권력과 부, 지위의 확보 수단일까? 시시하면서 옳은 소리하는 글이 탄탄하면서 친일 찬양하는 글보다 낫지 않을까? 동의하지 않는다면 가치관의 차이이니, 결국 학문 고도화의 문제는 아니다. 자연과학은 아주 다를까? 아니면 비슷할까? 이런 말을 하면서도 시시한 논문을 참지 못하는 나는 어쩔 수 없는 먹물일까?

아래의 말이 지금 내 고민을 조금 대변해 주는 것 같다. 이와 같은 문제의식이 나만이 가진 것이 아니라 많은 사람들이 공유하는 것이라는 점을 알 수 있고, 여기서 그나마 위안을 느낄 수 있다.

사회과학자의 문제의식은 이론적 관심에서 제기되지만, 실제 사회생활을 하고 있는 시민의 입장에서 보면 아무런 연관성도 없다. 과학적 사회과학자는 행동의 규칙성에 관심을 가지나 시민은 살기 좋은 사회에 대해서 관심을 갖는다. 시민은 현실적으로 인간 행동과 사상 제도 조치들의 가치에 대해서 관심을 가지나 사회과학자는 가치와 사실 간에 명확한 선을 긋고 가치판단을 할 수 없다는 입장을 취한다. 이와 같은 사회과학의 전문화와 과학주의의 위험성을 극복하기 위하여 김영국은 사회과학은 상상적 사고영식, 즉 시민적 사고영식으로 되돌아가려는 의식적 노력을 해야 하며 주제의 선정과 연구 결과의 종합도 전체 사회의 전체적 목적에 비추어 이루어져야 한다고 주장한다. 바꾸어 말하면 사회과학의 모체는 시민적 양식이 되어야 하며 일반적 과학 개념이니 과학적 방법이 되어서는 안 된다는 것이다.11)

---

11) 김영국, "레오 스트라우스의 정치학 논고: 정치학론과 과학적 정치학의 비판을 중심으로," (서울대 대학원 박사 학위 논문, 1972), 77쪽; 김홍우, "자연법 사사의 해체와 복원," 김홍우 외, 『가치와 한국 정치』(서울: 소화, 2005), 167쪽에서 다시 인용.

그런데 현실과 동떨어진 '이론을 위한 이론하기'가 자기 현실도 아니고 남의 현실에서 나온 것이라면 문제는 겹으로 심각해진다. 자기 현실에서 나온 것이라도 지나친 이론 치우침이 현실 이해를 왜곡하는데, 하물며 남의 현실에서 나온 것은 어떠하랴? 지나친 이론 치우침을 비판하는 것도 서양 사람과 한국 사람들의 경우가 또 다르다는 말이다.

그런데, 우리는 남의 이론 치우침을 그대로 따오는 짓을 하지 말아야 하지만, 거꾸로 우리 자신의 이론을 만들기 위해서는 노력해야 한다. 일부 그런 현상이 없는 것은 아니나, 현실을 외면한 지나친 이론화의 위험은 아직 우리의 주된 문제가 아니다. 오히려 이론이 빈약할까봐 우리 학문을 시도하지 못하는 것이 더 문제다. 우리 현실을 충실히 반영하지 않는 외국 이론에 대해 지나치게 의존하고 자기 이론을 만들지 못한다는 점이 우리의 문제다. 그러니 우리는 지나친 이론화를 겁낼 것이 아니라 이론에도 못 미치는 자기 고유의 분석틀을 만들어보기 위해 각자 노력할 일이다.

바. 세계 속 한국 정치학의 몫

이 '세계화'의 시대에 한국의 정치학은 얼마나 세계화되고 있을까? 한편으로 생각하면 우리 정치학은 매우 세계화되어 있다. 세계에서 통용되는 각종 이론과 시각과 접근법, 전문 용어들이 언제나 한국 정치학자들의 머리와 입에서, 그리고 한국에서 출판되는 논문과 학술 서적 속에서 여유롭게 노닐고 있으니, 우리 정치학이 세계화되어 있음에 틀림없다.

한국의 정치학자들은 영어도 잘 하고 일본말도 잘 한다. 세계의 유수한 대학, 저명한 학자들과 스스럼없이 교류하고, 심지어 세계정치학회의 회장까지 배출되었다. 이런 점에서 우리의 정치학은 좁은 한국이라는 울타리를 벗어나 세계 속으로 뻗어나간 것이 틀림없다.

그러나 이런 속에서 정말 세계 정치학에 이바지한 우리 정치학자나 논문, 저서들이 얼마나 있을까? 냉정히 말해 거의 없다고 하는 것이 옳지 않을까? 우선 세계의 정치학자들이 한국 정치학자들의 학술적 업적을 얼마나 참고할까? 분야에 따라 상당히 참고하는 것도 사실이다. 예를 들어, 동아시아나 국제 정치경제, 한국 정치과정 등의 분야에서 외국의 학자들이 한국 학자들의 영문 업적들을 참고하고 있다. 그러나 그것이 자기들이 잘 모르는 한국이나 동아시아의 실정에 대한 정보나 생각을 알기 위한 것일 뿐, 얼마나 학술적인 지식이나 혜안을 얻기 위한 것일까? 그런 점은 별로 없는 것 같다.

이 점이 무엇을 말하는고 하니, '세계화'된 우리의 정치학이 실은 중심국 학문의 주변 역할, 다시 말해 그 속에서 2급 모방의 역할밖에 하지 못하고 있다는 사실이다. 단적으로 말하여, '세계'라고는 하지만 실은 미국 정치학계의 변두리로서 그보다 질이 떨어지는 업적들을 내놓을 뿐이다. 그 내용은 미국 학계의 주된 논의들을 모방하거나 아니면 거기서 지리적·문화적으로 약간 미흡한 부분, 다시 말해 한국의 경우를 보충해 주는 데서 크게 벗어나지 못한다. 어쩌면 이런 현상은 변두리 학문이 극복하기 힘든 장벽인지도 모르겠다.

그러나 꼭 그렇게 생각할 것만은 아니다. 발상을 전환할 필요가 있다. 우리 정치학이 미국 정치학의 충실한 모방자이거나 지부이기를 탈피하여 우리 나름대로의 정치학을 한번 만들어 볼 각오를 해야 한다. 진정한 '지방자치'를 해 보자는 말이다. 이 말이 반드시 미국 정치학의 지부 노릇을 한꺼번에 집어치워야 한다는 말은 아니다. 그렇게 되기는 어렵다. 주변부, 지방의 처지는 어쩔 수 없다. 이런 한계를 인정하고 일단 '자치'를 해 보자는 것이다. '독립'의 구호는 너무 거창한 것이라 오히려 비현실적이다. 그래서 '지방자치권'을 획득하자는 것이다(나는 개인적으로 독립을 위해 노력하지만 다른 사람에게까지 요구할 자신은 없다).

그러면 한국 정치학의 지방자치는 어떻게 할 것인가? 우선 미국 학계의 거미줄을 걷어내야 한다. 미국 학계에서 제시하는 문제를 따를 것이 아니라, 우리의 문제가 무엇인지를 독자적으로 생각해야 한다. 세계의 정치를 '세계'차원이나 강대국 시각에서가 아니라 약소국의 차원과 시각으로 보아야 한다. 국제정치를 가르칠 때 탈냉전, 양극 체제, 군비 경쟁, 구성주의 따위도 좋지만, 어디까지나 이런 것들을 '우리'의 시각에서 보고 가르쳐야 한다.

세계화를 '세계'를 단위로 보면 매우 중립적인 개념이 되지만, 중심-주변국의 관계로 보면 매우 불평등하고 가치가 개입된 현상이 된다. 미국이 세계화를 앞의 것으로 본다면, 우리는 이를 뒤의 것으로 보아야 한다. 일본을 공부할 때, 일본이 왜 서양과 다른가에 초점을 맞출 것이 아니라, 왜 우리와 다른가에 초점을 맞추어야 한다. 젓가락이 포크와 어떻게 다른가가 서양 사람들의 관심사라면, 우리의 관심사는 일본의 젓가락과 한국의 젓가락이 왜, 어떻게 다른가이어야 한다.

세계 보편적인 것이나 강대국 중심의 세계적 정치 현상에 대해서는 미국이나 서양 사람들이 우리보다 훨씬 더 잘하고 그럴 수밖에 없다. 미국에서 이런 종류의 학위 논문을 써 와서 이를 한국에 소개하는 것은 별 의미가 없다. 그런 것은 오히려 미국 사람들이 잘 정리해 좋은 것을 소개하거나 번역해 주는 것이 훨씬 더 효율적이다.

우리가 우리의 시각으로 '지방자치' 정치학을 하는 것은 비단 '우리'의 정치학을 위해서만이 아니다. 그것은 '세계' 정치학의 발전을 위해서도 필요한 일이다. '지방'의 독특한 시각과 이론으로 세계 각 지역, 각 관계들을 연구한 결과가 다양하게 쌓이는 것이 세계 정치학뿐 아니라, 더 나아가 중심국 정치학의 발전에도 도움이 될 것이다.

제2장

한글 사회과학의 모색

이 장에서는 한국적 사회과학을 일구기 위한 방법으로 '한글 사회과학'을 제창하고 그것을 구체적으로 어떻게 실천할 것인지를 생각해 보기로 한다. 그에 앞서 한국 사회과학의 대외 종속성과 이를 극복하고자 하는 노력에 대해 간단히 살펴보기로 한다.

가. 한국 사회과학의 대외 종속과 주체성의 문제

지금 한국의 사회과학은 다 알다시피 서양, 그중에서도 미국의 사회과학에 크게 의존하고 있다. 같은 서양이라고 하더라도 유럽 대륙의 학풍이 다르고 영국의 그것이 다를진대, 오로지 미국의 사회과학이 보편성을 주장하면서 우리 학계를 지배하고 있는 것은 그 이유야 어떻든 결코 바람직한 일이 아니다.

해방 이후 한국 사회학계·정치학계는 1960년대 이전의 독일·일본 학문, 1960~70년대의 근대화론, 1980년대의 종속이론, 80년대 중반 이후의 급진 이론, 국가론, 1990년대의 합리적 선택론을 수입하는 것으로 지새웠다. 한국 사회를 연구할 때에도 학자들은 수입된 개념과 분석틀을 편의에 따라 이리저리 맞추어 보는 수준을 벗어나지 못했다. 때로는 그 안에서 상당한 성과를 거두기도 했을지 모르나, 여전히 '도입'의 수준에 머무르고 있고, '변용'의 수준으로도 제대로 나아가지 못하고 있다.

이런 형편이니 새로운 우리 것을 창조할 엄두는 여전히 내지 못하고 있다. 그런데, 이런 현상은 비단 사회과학에 국한된 것이 아니고, 인문학, 자연과학 등 학문의 전 분야에 걸쳐 우리의 지적 세계를 지배하고 있다. 심지어 동양 철학을 연구하기 위해서도 한국의 젊은 학자들이 미국으로 건너가 학위를 따오는 형편이다.

그러면 이러한 현상이 왜 문제란 말인가? 미국이든 영국이든 중국이든 선진 학문을 배워오는 것이 왜 나쁘단 말인가? 물론 그것이 나쁘다는 말은 아니다. 다 알다시피, 문제는 꼭 필요한, 선진 학문을 배우는 것 자체가 아니라, 그것이 우리의 지적 세계를 거의 완전히 장악하고 있다는 데 있다. 왜 학문의 서양-미국 종속이 나쁜가? 어떤 이는 학문이란, 특히 과학이란 보편적인 진리를 추구하는 것이 목표이니, 지역성과 특수성을 지나치게 내세우는 것은 바람직하지 않을 뿐더러 오히려 학문 발전을 해치는 일이라고 주장한다. 학문의 궁극적인 목적이 보편적인 진리의 밝힘이라는 점에 반대할 사람은 아마 없을 것이다. 그러나 문제는 과연 무엇이 '보편적'인 진리인가에 있다.

서양이 내세우는 과학이 과연 서양의 역사와 정치, 경제, 문화 구조와 동떨어진 객관적이고 보편적인 진리일까? 서양에서 발달한 합리적 이론과 방법론들이 과연 연구자나 정책 결정자나 기득권자들의 이해관계와 절연된 학문 안의 논리에 따라 탄생하고 변형된 것들인가? 그렇지 않다는 점은 수많은 사람들이 주장했다. 현실과 동떨어진 현실 설명이 있을 수 없듯이 이론가의 구체적 자리와 관계없는 이론과 방법론은 있을 수 없다.

예를 들어, 미국에서 발달한 게임 이론은 개인을 세상의 한 가운데 놓고 그들의 단기적 이익 계산에 초점을 맞추어 정책을 설명하고 사회가 돌아가는 모습을 이해하려고 한다. 이러한 미시적이고 원자론적인 이론은 영미 사상의 핵을 이루는 자유주의와 개인주의의 직접적인 산물이다. 또 사회의 구성을 공동체 인원들의 상호작용으로 보기보다는 원자 개인들의 거래가 쌓여 만들어지는 것으로 보는 기계론적인 세계관의 산물이다.

이러한 전통은 사람과 사회를 유기적인 관계물로 보는 동양 사상의 전통과 매우 다를 뿐 아니라, 서양에서 나타난 숱한 공동체적 사상들과도 다르다. 게임 이론이 나타난 배경에는 산업혁명과 근대화의 승리라는 '특수한' 영미의 전통이 깔려 있다. 도대체 사람을 단기적인 이익을 추구하는 경제인으로 보는 것 자체가 근대 영미 사람들의 독특한 존재론이자 인식론이니, 이 이론이 시간과 공간에 상관없이 '보편적'으로 적용될 수 있다고 믿는 것 자체가 신화이다.

물론 게임 이론을 비롯하여 어느 특정한 이론이나 방법론이 지닌 일정한 의미를 부인하려는 것은 아니다. 그것은 그것대로 쓰일 데가 있고, 그 쓰일 데에 쓰이면 그만이다. 이를 확대하여 아주 다른 사회-역사의 터나 소용되지 않는 문제 영역에 끼워맞추려고 하거나, 더 나아가서 보편 이론으로서의 우월성을 주장하려고 하는 태도가 문제인 것이다.

1. '학문의 수준': 엄밀성의 문제

미국 사회과학의 지배를 옹호하는 또 하나의 논리는 다른 사회과학에 비해 그것이 '학문적'으로 앞섰다는 주장이다. 서양, 특히 미국의 사회과학이 가장 앞서 있는 현실에서 '우리' 것을 고집하는 것은 학문의 발전은커녕 오히려 침체와 고착을 가져올 뿐이라는 주장이다.

과연 많은 점에서 미국의 사회과학은 유럽의 그것에 비해 앞섰고 동양이나 제3세계의 사회과학에 비해서는 말할 수 없이 앞서 있다. 미국 학문이 앞섰다는 것은 미국의 경제가 한국의 경제보다 앞섰다는 말과 같이 부정할 수 없는 진실이다. 그러나 그렇기 때문에 미국의 사회과학을 받아들이지 않으면 학문적 침체만 있을 뿐이라는 주장에는 동의할 수 없다.

미국의 사회과학이 앞섰다는 것은 우선 그 연구 업적의 방대한 양에서 그렇고, 또 그 치밀한 논리 전개에서 그렇다. 여기서 요체는 '과학'으로서의 **엄밀성**이다. 이 부분에서는 다른 어느 지역의 과학도 미국의 과학을 따라갈 수 없다. 그러나 이 '과학의 엄밀성'이야말로 미국적인 특수성의 표현이다. 그 특수성은 무엇인가? 앞에서도 말했고 다른 사람들도 흔히 말하듯이, 그것은 미국적인 개인주의와 합리주의의 엄밀성이다. 과학의 전형을 자연과학으로 삼고 엄밀한 개념 규정과 관찰, 실험, 아니면 연역적인 논리의 추출, 가설의 설정, 수리적이거나 기하학적인 이론의 완성, 이런 것들이 '엄밀한 과학'이다.

그러나 문제는 사회 현상의 설명이나 이해에 과연 엄밀성이 가장 중요한 덕목인가 하는 점이다. 미국의 인식론은 이를 당연하게 받아들이는 것 같지만, 현실은 그렇지 않다. 한마디로 말하여, 사회 현실은 그렇게 엄밀하지 않고 인생은 복잡하고 인간은 묘한 존재다. 자연과학의 수식으로 인간사를 대부분(전부라고 믿는 사람은 바라건대 없을 것이다) 설명할 수 있다고 생각하는 사고 자체가 매우 '특수'할 뿐 아니라 매우 엄밀하지 못하다.

또, 미국의 사회과학은 거대한 문제를 총론적으로 다루기보다는 미세한 문제들을 꼼꼼히 따지는 데 더 힘을 모으고 있다. 그쪽 철학의 바탕 때문이기도 하지만 그 동안 다룰 만한 큰 문제들은 대체로 다루어졌기 때문이다. 그래서 학자들은 미세하고 촘촘한 문제들에 매달리고, 여기서 얼마나 더 엄밀한가를 다투고 조그만 문제에 대해 얼마나 더 새롭게 제 말을 할 수 있느냐를 자랑삼는다. 또 이를 위한 방법론의 개발에 매달린다. 한마디로 우리와는 사정이 너무 다르다.

우리는 아직도 연구가 되어 있지 않은 큰 문제들이 너무 많다. 아니 되어 있는 것이 아예 없다고 말하고 싶을 정도이다. 이런 상황에서 미세한 문제들에 매달려 엄밀성만 시비하는 것은 '학문의 수준'을 높일지는 몰라도 현실의 시급한 문제들에 해답을 내리는 데에는 별 도움이 되지 않는다. 오히려 서구의 세밀함과 기술적 숙련을 따라가는 데 몰두하다 보면 우리의 문제를 잊어버릴 가능성이 크다.

비유하자면, 비바람을 막아줄 집을 갖는 것이 소망인 사람이 우아한 대리석 벽과 정교한 문고리를 만드는 데 정력을 쏟는 것이 비현실적인 것과 같다. 배고픈 사람에게 식탁 예절부터 가르치는 것과도 비슷하다. 이렇게 우리의 문제를 스스로 인식하지 못하고 미국의 사고틀이 제시하는 문제 만큼만을 우리의 문제로 인식하게 되는 것이 학문적 종속이 낳는 가장 큰 문제라고 할 수 있다. 이제부터 이 얘기를 해 보자.

2. 독창성, 주체성, 현실 적합성

여기서 '학문의 수준'이라는 것이 과연 엄밀성뿐인가를 생각해 보아야 한다. 학문의 수준을 가늠하는 데에는 엄밀성 외에 **독창성, 주체성, 현실 적합성**들이 고려되어야 한다. 이들은 엄밀성에 비해 그 중요성이 결코 덜하지 않다. 한 가지 사소한 예를 들어 보자. 한국의 학자들은 미국을 본받기 위해 논문의 형식을 강조하고 각주 쓰는 법 따위를 매우 중요시한다. 이들이 중요하지 않은 것은 아니지만 우리가 지금 가위 눌려 있는 것만큼 중요하지는 않다.

예를 들어 우리는 논문을 쓰면서 인용을 정확하게 하기 위해 매우 애를 쓴다. 어떨 때는 과연 무엇을 위해 이 짓을 하는지 한심스럽다. 인용문의 쪽수를 정확하게 기록해 두지 않았다가 뒤늦게 이를 확인하기가 얼마나 어려운지는 경험한 사람이면 다 안다. 그러나 이렇게 힘들여 확인한 페이지 수를 독자들이 얼마나 거들떠볼까? 특수한 경우를 빼고, 각주의 쪽수를 확인하여 그 페이지대로 인용 출처를 확인해 보는 경우가 얼마나 될까? 내 경험으로는 한번도 없다. 이렇게 불필요한 일에 얽매여서 엄밀성 타령을 하기에는 우리에게 할 일이 너무나 많다.

엄밀성보다 더 중요한 것이 **독창성**이다. 그런데 독창성이 대개 '우리'의 독창성을 의미하기는 하지만 반드시 그런 것은 아니다. 예를 들어 미국 사회과학의 이론을 충실히 배우고 그 속에서 공부하면서 독창적인 생각이나 이론을 내놓을 수 있다. 자연과학, 공학 등에서 심심찮게 나오는 일이다. 사회과학에서는 아직 이런 경험이 별로 없는 것 같지만, 열심히 미국 것을 연구하다 보면 나올 수도 있다. 미국의 중국학 속에서, 미국의 일본학 속에서, 심지어 미국의 한국학 속에서도 이런 것이 나올 수 있다. 지역학뿐 아니라 모든 사회과학의 분야에서 다 그렇다. 특히 경제학의 경우처럼 보편성이 크다고 주장되는 분야에서 더 가능한 일이다.

3. 주체성의 중요성

그런데 독창성은 **주체성**과 밀접하게 관련된다. '우리' 사회과학을 추구한다고 할 때 가장 문제가 되는 것이 바로 이 주체성의 문제다. 주체성이란 우리 현실을 우리 눈으로, 그리고 우리말과 글로 나타내고 설명하는 것을 말한다. 외국의 인식론과 외국의 분석 틀이나 이론에 얽매이지 않고, 우리 현실 속에서 우리 설명 방식을 찾는 것이다.

여기서 흔히 제기되는 문제가 과연 '우리'가 누구냐 하는 문제이다. 글쓴이는 이러한 문제 제기의 적합성을 부인하지는 않지만 여기에 지나치게 집착하는 것은 학문을 위해서도 현실 개혁을 위해서도 별 도움이 되지 않는다고 생각한다. 오히려 학자들의 불필요하고 물정 모르는 '개념 타령'에 지나지 않을 경우가 많다.

우리가 미국의 사회과학에 지배되지 말고 우리의 사회과학을 하자고 할 때, 이 '우리'가 무엇을 지칭하는지는 '대개' 다 안다. 이 '대개'로 족하다고 본다. 여기서 '우리'는 대개 한민족을 가리키고 더 나아가 동아시아인, 또 주변부(약소국) 주민을 가리킨다. 이것을 지나치게 따지고 드는 것은 '우리' 사회과학을 부인하고 싶고 미국 사회과학의 보편성을 믿고 싶은 심정 때문일 수 있다. 더 악의적이 될 때, 이는 '우리'의 마땅한 도전과 저항 정신, 그리고 현실 개혁의 의지를 꺾기 위한 전략이 된다.

글쓴이는 이를 '경계 흐리기 전략'이라고 부른다. 예를 들어, 식민주의자와 피식민 주민의 경계를 흐리는 것에는 명백한 의도가 있다. 식민주의자의 이익을 옹호하고 피식민지인의 독립 의지를 꺾으려는 의도이다. 독립운동가에게 도대체 '조선 민족'이 무엇인가를 캐묻는 일제 시대의 지식인을 상상해 보면 될 것이다. 학문의 분야에서도 상황은 마찬가지이다.

그러면 학문에서의 주체성은 왜 중요한가? 이것은 마치 돈이 우리에게 왜 중요한가와 같은 질문이라 구구한 대답을 하지 않겠다. 학문이든 무엇이든 주체성의 중요성을 느끼지 못하는 사람은, ①그렇게 태어났거나, ②그렇게 교육 받았기 때문이다. 둘 다 문제지만 더 큰 문제는 두 번째의 '그렇게 교육 받았을' 경우이다. 바로 식민의 권력 구조, 지배 구조가 사람을 그렇게 만드는 것이다. 체제에 안주하여 편히 살고 싶은, 누구에게나 있지만 ①의 사람에게 특히 강한 본능을 부추기는 것이다. 그러나 그들은 이렇게 솔직하게 말하지 않는다. 아니 그렇게 말할 수가 없다. 그러는 순간 그들이 누리거나 누리고 싶어 하는 권력과 지위가 사라져 버리(리라고 생각하)기 때문이다. 그 대신 그들은 온갖 그럴듯한 논리와 문화와 교양을 동원한다. 바로 식민지 지배를 강화하기 위한 그 교육을 통해 익힌 것들을 말이다.

(신)식민지의 많은 지식인들이 독립과 해방의 중요성을 모르거나

가벼이 여긴다. 그런데 그들은 대개 돈과 권력, 지위는 매우 소중하게 여긴다. "종속이든 뭐든 그런 것이 중요한 것이 아니라 개개인이 얼마나 잘 사느냐가 중요하다"는 것이 그들 주장의 요체이다. 결국 돈, 지위, 권력의 논리이다. 그러나 여기서 '개개인'이 누구이고 '잘 사는 것'이 어떻게 사는 것이냐가 바로 문젯거리로 떠오른다.

(신)식민 상황에서 잘 사는 개개인은 일반 민중이 결코 아니다. 제국과 식민의 구조에서 혜택 받는 소수의 특권층들이다. 그렇기에 그들은 이를 지키기 위해 온갖 논리와 선전을 동원한다. 때때로 이것들은 정교하고 세련된 학문이나 예술, 논술의 형태를 띤다.[1] 그래서 지적인 우위를 과시하고 '거칠고 교양 없는' 독립 운동가, 민족주의자들을 경멸한다. 그러면서 하는 말, "과연 너희들의 그 독립 운동이 민족에 무슨 도움을 주었는가? 오히려 제국의 구조를 잘 이용하면 우리가 더욱 잘 살 수 있다네!" 한민족의 역사에서 너무나 익숙한 논리이다. 근대만 치자면 이완용, 이광수와 같은 '지도자'들이 그랬고, 요사인 '영어 공용어론' 같은 것으로 나타난다.

그러나 주체성의 중요성을 모르는 사람은 진정 무엇이 잘 사는 것인지를 모르는 사람이다. 아니, 가치관이 다른 것쯤으로 해 둘까? 그러니 주체성이 왜 중요한지에 대한 구구한 설명이 필요 없다. 아버지에게서 독립하고 제 돈은 제가 벌겠다는 대학생, 장가가서는 부모님의 도움을 받지 않겠다는 새신랑, 교수님의 글을 베끼기보다는 제 나름대로 한번 써 보겠다고 끙끙대는 대학생, 미국 이론 그냥 가져다 한국에 써먹고 대가들 이름이나 되내기는 싫다는 '겁 없는' 신임 교수,

---

1) 영국의 세련된 '영문학'이 인도에 영어를 전파하여 지배를 쉽게 하기 위한 수단으로 출발한 것을 영문학자들은 알고 있다. 사이드가 비판한 동양주의 학자들은 얼마나 세련되고 교양 있는 사람들이었던가? 이광수의 '민족 개조론'은 얼마나 폭넓은 교양을 과시하는가? Alastair Pennycook, *English and the Discourses of Colonialism* (London and New York: Routledge, 1998); Edward W. Said, *Orientalism: Western Conceptions of the Orient* (London: Penguin Books, 1978); 이광수, "민족 개조론," 『개벽』(1923).

틀 박힌 제도 학문과 학술 정치에 가담하지 않고 교수 자리 못 구하더라도 내 식으로 한번 해보겠다는 '철없는' 젊은 학자―이들의 주체성은 아름다울 뿐 아니라 우리 사회와 학문 발전의 소중한 초석이다. 창조성이 여기서 나오고 진정한 독창성이 여기서 나온다. (민족)주체성이 뒷받침되지 않은 독창성은 그 의미가 제한될 수밖에 없다.

4. 현실 적합성

그러나 우리 학문을 해야 하는 이유가 반드시 주체성 때문만은 아니다. 만약 그렇다면 실속 없이 소리만 큰, 학계의 운동권을 벗어나지 못할 것이다. 여기서 **현실 적합성**이 문제가 된다. 우리가 미국의 사회과학에 지배되지 않고 우리의 것을 만들어야 한다고 주장하는 것은 무엇보다도 미국 것에는 우리 사회에 맞지 않는 것이 많기 때문이다. 물론 도입하여 그대로 쓸 수 있는 것도 있을 수 있다. 사회과학은 인문학보다는 학문의 보편성이 큰 편이다. 그래서 미국 유학생들의 비율도 더 높고 그들이 학계에서 누리는 권력도 더 강하다. 우리 학문을 해야 한다는 목소리가 인문학 쪽에서 드셈에도 불구하고 아직 사회과학계에서 제대로 들리지 않는 것도 그런 이유 때문이다.2)

서양이나 미국의 선진 이론을 가져와 우리의 현실을 설명하는 것이 나을 경우도 많을 것이다. 이때 우리 현실은 '보편적'인 현실을 말하고, 그야말로 '우리'의 현실을 말하는 것은 아니다. 예를 들어, 게임 이론을 이용한 투표 행태 분석, 남북한 군비 경쟁, 각종 경제 이론과 법칙들, 심리학의 여러 보편적인 요소들은―필자가 다 알 수 없으므로 더 구체적인 예를 들지 못하지만―미국과 서구의 이론으로 설명할 수 있는 부분들이 많을 것이다. 그러나 이 때에도 그곳의 맥락과 한국의

---

2) 조혜정, 『탈식민지 시대 지식인의 글 읽기와 삶 읽기』(서울: 또 하나의 문화, 1992)가 그런 문제를 제기하였는데, 그녀도 이에 대해 아무 일도 하지 않았다.

맥락이 다르다는 상황 인식이 있어야 한다.

현실 적합성을 추구하는 학문은 해당 지역의 **역사**와 **문화**의 요소를 무시할 수 없다. 그런데 이 역사와 문화는 보편성 못지않게 특수성의 요소가 강하다. 한국의 사회과학이 전통적인 사유와 역사를 무시하고 성립하기는 어려운 이유가 여기에 있다. 이 부분에 대해서는 인문학계에서 더 자세한 논의들이 있기 때문에 생략하기로 한다. 필자의 능력을 넘는 일이기도 하다. 그러나 위의 말이 우리의 사회과학이 반드시 역사적, 전통적인 접근을 해야 한다는 뜻은 아니다. 이 점에 대해서는 나중에 다시 논의하기로 하자.

나. 도전 정신의 부족: 사대주의

사회과학의 주체성과 현실 적합성을 논하다 보면 다른 비서구 지역의 학문을 생각하게 된다. 일본 정치학의 예를 들자면, 전통적으로 '일본적'인 학문이 강세를 보였다. 마루야마 마사오로 상징되는 일본 정치학의 전통은 일본과 서양의 역사와 사상에 토대를 두고 자기 나름대로 독특한 업적을 남겼다. 천황제라는 일본 특유의 제도에 착안한 연구가 대표적이라 할 수 있다. 이런 연구 업적들은 한국에도 소개되어 반향을 일으킨 바 있다. 물론 일본에서도 미국의 정치학이 도입되어 성행하고 있다. 항간에서는 한국의 정치학이 이런 점에서는 일본보다 앞서지 않았느냐는 희망 섞인 말이 있는데, 글쓴이가 보기에는 그렇지 않다.

일본의 미국식 사회과학은—최소한 일본 연구에 관한 한—그 나름대로 고유한 업적을 남기고, 미국 학자들과 거의 대등하게 교류하고 있다. 정부와 기업 관계, 국가와 사회 관계 연구에서 다원주의-국가주의 논쟁을 벌인다든가 연결망 이론을 개발한다든가 하는 업적을 남겼다. 미국 사회과학 안에서 어느 정도 독창성을 일궈낸 것이다. 우리의 경우 이런 것이 없다. 우리에게 있는 것은 아직도 미국 이론의 소개와 적용뿐이다.

1. 뿌리 깊은 사대주의

물론 이러한 현상을 반성하면서 우리의 독창적인 학문을 해야 한다는 지적은 많았다. 그러면서 우리에게 맞는 담론을 제시한 사람들도 꽤 있었다. 그러나 그것은 거의 언제나 별다른 내용이 없는 일종의 선언이나 제안을 벗어나지 못했다. 박종홍의 한국 주체성 탐색, 강만길의 '분단 사학,' 백낙청의 '분단체제론' 등은 모두 한국의 주체성을 역사적으로 탐색해 보거나 분단 사학 연구를 극복에 초점을 맞추어 하자고 제안하거나 분단 현실이 남북한의 구조에 강력한 영향을 미친다는 원론적인 담론 수준을 넘지 못했다. 어느 누구도 자신이 제안한 시각이나 문제의식을 본격적인 연구로 뒷받침하지 못했다. 심하게 말하면 알맹이가 없는 껍데기를 가지고 요란한 홍보만 한 셈이다.

사정이 이러니 우리에게는 한국 이론이 없을 뿐 아니라 약소국 이론이나 중진국 이론 또는 제3세계론도 마찬가지로 없다. 왜 그럴까 생각해 보았다. 이에 대한 해답을 제시한 글을 아직 보지 못했다. 글쓴이의 가설은 다음과 같다.

우리나라에는 역사적으로 큰 나라에 대한 **사대주의**의 강한 전통이 있다. 조선 시대에는 중국의 유학에 눌려서 이렇다 할 주체적인 업적을 남기지 못했다. 일제의 침탈을 받은 뒤로는 국어학과 국사학 분야에서 민족적인 업적을 좀 남겼지만, 역시 주류는 일제의 통치를 마음으로 받아들이고 그 안에서 출세한 관립 학자들이었다. 여기서 민족 주체적인 것이 나올 리 없었고, 해방이 되었어도 친일파들이 그대로 권력과 지위를 움켜잡았으니 민족 주체적인 학문과 문화가 꽃피기 어려웠다.

양키 문화와 함께 미국의 학문이 물밀 듯이 들어오고 이를 수입하고 판매하는 사람들이 학계의 권좌를 장악했다. 친일파는 친미파로 탈을 바꾸었고, 정치경제적 종속뿐 아니라 문화-학문의 예속이 시대의 당연한 흐름으로 자리잡았으니, 주체성 있는 사회과학이 싹틀 수 없었음은 말할 필요도 없다. 반공 체제의 형성과 6·25 전쟁이 넘지 못할 이념의 경계를 만들고 말았지만, 근본 원인은 이것이 아니었다. 밑뿌리는 우리 지식인들과 엘리트층의 사라질 줄 모르는 사대주의였다. 그들에게 사대주의는 매우 편리했다. 지위와 권력을 보장하고 '거친 민중'의 도전을 효과적으로 차단해 주었기 때문이다. 이러한 힘의 논리가 우리 학문의 구석구석을 파고들었다.[3]

2. '전통' 계승의 문제

서구 학문에 대한 예속을 벗어나자고 할 때 반드시 나오는 얘기가 우리 전통의 계승에 관한 것이다. 조동일은 『우리 학문의 길』에서 우리의 창조적 학문 전통이 일제 시대와 미군정 이후의 지적 예속과 왜곡 때문에 단절되어, 이 땅의 학문이 식민지화되었다고 주장한다. 그는 원효와 이규보, 정도전, 임성주, 홍대용, 최한기로 이어지는 독창적 철학의 학통이 끊어진 것을 매우 애석해 하면서, 우리 시대에도 이러한 사람들이 나타나 총체적 사고의 학문을 재창조해야 한다고 주장한다.

글쓴이는 이 분야에 지식이 없기 때문에 윗분들의 학문적 평가에 대해 판정을 내리지 못한다. 그러나 우리 학문을 일구기 위한 조동일의 열정에 감동하면서도 그가 제시한 방법에는 약간의 의문을 품지 않을 수 없다. 그가 독창적이라고 본 옛 철인들의 업적이 정말 독창적이었다고 믿는다. 그러나 그것은 여전히 중화적 질서에 토대를 두고

한문으로 씌어진 중화 철학의 한 지류에 불과하지 않았는가 하는 의문을 지울 수 없다.

앞에서 글쓴이가 구분지은 학문 수준의 여러 갈래 중 독창성의 부분에서는 뛰어났다고 하더라도 주체성의 면에서는 문제가 있었던 것이 아닐까? 그러나 그는 반박할 것이다. 독창성뿐 아니라 현실 적합성의 면에서도 그들은 뛰어난 업적을 보였다고. 이 부분에 대해서도 믿기로 한다. 그런 만큼 그들의 업적은 뛰어났을 것이다. 조동일은 그들의 독창성이 주체성의 경지에까지 이르렀다고 말할 지도 모르겠다.

그러나 그것이 과연 얼마나 중국에 대한 조선의 지적 독립을 추구한 것이었을까? 그의 평가를 현대에 가져다 놓고 보면, 서양 학문 속에서 훌륭하고 독창적인 업적을 남긴 사람들도 마찬가지의 평가를 받을 수 있을 것이다. 사회과학 분야에서 과연 그런 사람과 그런 업적이 있는가는 문제이지만. 그의 논의에서 가장 지적하고 싶은 것이 바로 이 부분이다.

예전에 우리가 중국 학문에 지배당한 것은 식민성이 아닌가? 그것은 너무나 뿌리 깊고 오래 지속되어 이미 조선인들의 마음에 내면화되었기 때문에, 예를 들어, 유학의 전통은 바로 그대로 조선인의 전통이었다고 말할 것이다. 대다수의 사람들이 이렇게 생각하고 있다. 이 점을 꼭 부인하지는 않겠다. 그러나 이 말에 '만족'하지는 못한다. 중국에 예속당한 것도 예속이었고, 학문의 식민성은 식민성이었다. 그때의 국제 질서는 지금과 달랐으니 지금의 용어인 식민지니 뭐니 하는 것은 맞지 않는다고 말하지 않았으면 좋겠다. 그런 것은 지금 논란거리가 못된다. 우리가 추구하는 것은 어떤 형태이든 학문 예속을 탈피하는 일이기 때문이다.

서양의 지배가 앞으로 수백 년 더 지속되어 서양의 학문과 언어가 우리 것을 완전히 지배하게 되고 지식인들이 영어로 말하고 영어로 쓰고 우리말과 글을 천시하고 영어 경전의 인용을 최대의 자랑거리로 삼게 될 때, 우리는 이 서양 학문과 사상과 말이 곧 우리 것이라고 생각하게 되지 않을까? 정도는 덜 하지만 이미 이렇게 생각하는 이 '식민지'의 지식인들이 얼마나 많은가? 이렇게 되는 것을 막자는 것이 글쓴이의 목표이고 조동일의 목표이다.

글쓴이가 아쉬워하는 것은 주자학과 한문의 지배 속에서도 '언문'으로 우리의 삶을 기록하고 우리의 생각을 정리하는 정말로 이단적인 지식인이 출현했더라면 하는 것이고, 그들이 '언문'으로 우리의 학문을 만들었더라면 하는 것이다. 이런 일은 물론 없었고, 현실 상황으로 볼 때 있을 수도 없었다. 세종 임금조차 훈민정음을 양반, 사대부한테 쓰게 할 생각은 감히 하지 못하고 '어린 백성'의 글자로만 생각하지 않았던가? 이런 점에서 홍대용이나 최한기에게 '언문'을 쓰지 않았다고 항의하는 것은 어리석은 짓이다. 그러나 정말 그럴까? 왜 혁명아가 태어나지 못했을까? 왜 혁명아 세종의 뒤를 이은 또 다른 혁명아가 없었을까? 왜 조선에서는 코페르니쿠스나 루터나 셰익스피어가 나오지 못했을까? 바로 중국 것을 우리 것이라고 생각한 '지식인의 식민지성-사대주의' 때문이었고, 이를 둘러싼 힘의 구조 때문이었다.

전통에서 우리 학문의 길을 찾는 방법에는 또 다른 문제가 있다. 조동일은 인문학을 겨냥했기에 전통 중 독창적 부분을 계승해야 한다는 말을 자신있게 할 수 있었다. 그러나 사회과학의 분야에서는 이런 말을 자신있게 할 수 없다. 조선의 학문은 우주와 세상과 사람의 원리를 캐는 철학이 중심이 되었고, 사람 사이의 위계질서와 예의범절을 따지는 교학이 주가 되었다. 사회사상이라고 할 수 있는 것이 없었다고는 할 수 없지만, 현대의 사회과학자들이 본보기로 삼을 만한 업적들은 사실 매우 빈약하다. 이는 비단 조선의 문제만은 아니고 질서의 중심이던 중국에서도 마찬가지였다.

『중국 정치사상사』라는 방대한 저서를 보면, 저자인 샤오 쿵추안도 중국의 정치사상이 공자 시기부터 맹자 시기(춘추-전국 시대)가 창조기이고 그 뒤의 1600년이 답습기였음을 토로하고, 서양 정치사상에 비해 창의성이 떨어짐을 고백하고 있다.[4] 중국 사상이든 조선 사상이든 선조들의 사회·정치 연구에서 많은 슬기를 배우고 시사점을 얻을 수 있겠지만, 현대 사회에 쓸모 있게 사용할 만한 사상이나 이론, 생각들이 많지 않은 것은 사실이다.

이런 점에서 얼마 전에 활발했던 '아시아적 가치론'에 관한 논쟁은 퇴행적일 뿐 아니라 알맹이가 매우 빈약하다는 생각을 지울 수 없다. 전통적인 유교 사상의 여러 요소들을 열거하고 이들이 현대 사회에 얼마나 쓸모가 있는지 없는지, 이런 것들이 현대 동양 사회의 발전에 기여를 했는지 안 했는지, 또 미국과 동양의 관계가 대국주의적 편견의 관계인지 아닌지 등에 대한 토론이다. 논의가 깊지 못하고 상식적인 유교 교양과 상식적인 현대 동양 사회의 성격 서술을 학술 용어로 감싼 데서 크게 벗어나지 못하고, 이 둘의 관계에 대해 아무런 명확한 관계를 논증해 내지 못한다. 어차피 하기 어려운 일이기는 하지만 말이다.5)

유교 전통을 얘기할 때는 대부분 공자 말씀과 『논어』 구절들을 인용하는데, 이를 보고 있으면 마치 서양의 가치관과 사회 발전을 얘기하면서 예수 말씀과 『성경』만 인용하는 것 같아 가슴이 답답하다. 공자 이후에 그렇게 사상의 발전이 없었단 말인가? 그게 사실일지도 모르니 더 답답한 노릇이다. 아니면, 동양의 가치관이 공자 이후 그렇게 변하지 않았다는 말인가? 아무리 변해도 그 바탕은 못 버린다는 말인가? 서양 사람들이 가나안의 말씀에서 벗어나지 못하는 것처럼?

동양도 그렇지 않고 서양도 그렇지 않다.6) 서양과는 판이하게, 공자 이후 2500년 동안 그에 필적할 만한 사상가가 나타나지 않았다는

4) 샤오 쿵추안 지음, 최명·손문호 옮김, 『중국 정치사상사』(서울: 서울대학교 출판부, 1998), 특히 6-8쪽의 각주 13을 볼 것.
5) 『동아시아 비평』 제2호 특집 (한림대 아시아문화연구소); 이승환 외, 『아시아적 가치』(서울: 전통과 현대, 1999) 참조.
6) 알렉스 인클레스, "환태평양 지역 대중적 가치의 지속과 변화," 『동아시아 비평』 제2호; 김영명, "한국 사람들의 가치관 변화와 민주주의의 전망," 『아시아 문화』(한림대학교 아시아문화연구소) 제15호 (2001) 참조.

(혹은 그런 씨앗 자체를 죽였다는) 사실 자체가 동양 학문의 깊이와 창조성을 의심하게 만든다. 특히 이단을 배척하는 유교적 교조주의가 극심했던 조선의 학통을 현대의 사회과학이 이어받는 것은 정말 어려워 보인다.

다. 특수성에서 보편성으로

그러면 새로운 우리 것이란 도대체 무엇을 말하는가? 궁극적으로 그것은 **우리 삶을 우리 눈으로 보고 우리말과 글로 표현하고 설명하는 것**이다. 이는 세 부분으로 구성된다. '우리 삶', '우리 눈', '우리 말글'이다. 사실 이 목표는 듣기에 따라 너무 거창하게 생각될지도 모르겠다. 그러나 이 모든 것에서 우리가 완벽함을 추구하는 것은 아니다. 그것은 불가능하다.

여기서 '우리 것 창조'를 두 가지 정도의 수준으로 생각해 볼 수 있다. 하나는 **서구 이론을 소화한 바탕 위에서 자신이 처한 환경의 속내가 묻어나는 새로운 이론이나 사상을 만드는 것**이다. '우리 삶'을 '우리 눈'으로 보는 데 서구의 학문적 성취를 이용하는 것이다. 세상의 보기를 들자면, 모택동 사상, 프랭크의 종속이론, 오도넬의 관료적 권위주의론, 셍고르 등의 네그리튀드 운동 들이다. 이들은 엄밀성과 현실 적합성에서 많은 차이를 보이지만, 매우 독창적인 사상들이다. 이런 사상과 개념들은(모두는 아니지만) 거꾸로 서양에 들어가 서양 학문의 방향에 상당한 영향을 주었다.

모택동 사상은 세계 전역에서 추종자들을 모았고 서구 학자들의 분석 대상이 되었으며, 종속이론과 관료적 권위주의 이론은 서구 주류 이론에 대한 대안으로 제기되어 서구 학계에서 중요한 자리를 차지하였다. 네그리튀드 운동은 그 엘리트성과 폐쇄성 때문에 많은 비판을 받기도 하지만, 아프리카인들의 자긍심 고양에 많은 기여를 하였고,

서양 학자들의 연구 대상이 되었다. 이들의 공통점은 서구의 지배에 저항하는 지식인들이 자신과 자기 나라 민중의 삶에 바탕을 둔 자신의 사상을 펼쳤다는 점이다. 물론 여기에는 서구적 이론이나 사상이 상당 부분 바탕이 되었던 것도 사실이다.

'우리 것'을 만드는 다른 하나의 길은 **서양의 전통을 되도록 벗어나 우리 고유의 사상이나 이론을 개척하는 것**이다. 이는 위의 것보다 더 주체적인 것이지만, 그 차이는 정도의 차이에 머무른다. 예를 들자면, 간디의 비폭력 운동 같은 것이다. 그가 제창한 '아힘사(비폭력)'의 개념은 서양의 정치사상 교과서에서 중요한 자리를 차지한다. 인도 말이 서양의 학술 개념이 된 것이다.

그런데, 우리에게는 왜 이런 것이 없는가? 앞서 말했듯이 지식인의 식민성 곧 사대주의 때문이다. 중국은 반서방의 기수였으니 말할 것도 없고, 남미는 반미·마르크스주의의 전통이 강한 곳이고, 인도도 자기 나름대로의 사상과 문화의 전통이 매우 강한 곳이라 200년 동안의 영국 통치도 이를 어찌하지 못했다. 그러나 우리의 지식인들은 중국을 섬기다 일본을 섬기다 이제 미국을 섬기고 있다. 저항의 전통은 오직 주변적 지식인, 주변계급-민중들에게 있을 뿐이다. 한국인의 문화적·심리적 사대주의는 앞으로 반드시 연구되어야 할 학문적 대상이다.7)

'우리 고유의 이론을 개척'하는 데에는 옛 조선의 전통이 활용될 수도 있다. 서양 것이나 동양 전통 중 어느 하나를 완전히 배제한다는 것은 가능하지 않다. 동양의 전통과 서양의 전통이 섞이어 우리 삶의 일부를 이미 형성하고 있기 때문이다. 그러면 흔히 얘기하듯이 우리의 역사 전통과 서양의 전통을 잘 결합하면 새로운 우리 것이 나올 수 있는가? 말은 그럴 듯하지만, 어떻게 결합할 것인가가 관건이고, 이

---

7) 북한의 주체사상에는 정말 주체적인 모습들이 있지만, 권력의 비속한 이데올로기로 떨어지고 만 것이 안타깝다. '주체성'이 독재와 국수주의로 전락할 수 있다는 사실은 '우리-학문주의자' 모두가 경계해야 한다.

에 대해 아무도 명확한 해답을 주지 못했다. 또 명확한 정답은 없을지도 모른다. 모든 이가 자기 나름대로 해법을 찾아야 할지 모른다.

그러나 더 중요한 문제는 다른 데 있다. 필자는 과거의 전통(사실 그것도 수입품)과 현재의 수입품을 잘 조화시킨다고 반드시 우리 것이 나오리라고 생각하지 않는다. **더 중요한 일은 지금까지 없었고 지금도 있는 것 같지만 없는 것을 만드는 것이다.** 물론 이 말이 동서양의 전통을 잘 활용해야 한다는 명제를 부인하는 것은 아니다. 그것만으로는 안 된다는 뜻이다—특히 우리가 주체성과 현실 적합성을 원한다면. 그러면 이 '우리 것'은 무엇인가? 그것은 바로 '우리말과 글로' 하는 것이다. 이를 구체적으로 말하기에 앞서 '우리 삶'과 '우리 눈'에 대해 조금 자세히 얘기해 보자.

1. 우리 삶, 우리 눈

여기서 **우리 삶**이란 주로 우리가 당면한 삶의 '특수성'을 말한다. 우리의 삶은 사람의 삶이고 그만큼 어느 사람들이나 다 가진 '보편성'을 가지고 있다. 동시에 우리만이 가진 특수성도 있다. 보편성은 시공을 초월하여 두루 적용되는 것을 말하고, 특수성은 대체로 민족 국가 단위 이하에 적용되는 것을 말한다. 여기에 구구한 설명은 필요 없을 것이다. 그런데 이 사이에 한 가지가 더 있을 수 있다. 이를 '준보편성'이라고 이름 붙여 보자. 이는 시공의 제한이 있으나 적용 범위가 넓은 것을 말한다. 이론의 보기를 들자면 동아시아 자본주의론, 중진자본주의론, 제3세계론, 종속이론 따위다.

여기서 제기되는 한 문제가 '동양주의' 곧 '오리엔탈리즘'의 문제다. 이는 원래 서구인들이 중동 지역을 바라보는 시각의 편향과 자기중심주의를 비판한 것이지만 더 넓게는 우리 동양 사회에도 적용될 수 있다. 서양의 것이 합리적이고 높은 것이며 동양의 것은 기껏해야 신비하거나 아니면 미개하고 불합리한 것이라는 색안경으로 보는 지적 태도다.

그런데 가만히 생각하면 이러한 편견의 문제는 사람으로서 어찌할 수 없는 문제인지도 모른다. 모두가 자기가 경험한 세계, 자기가 처한 현실에 인식의 범위와 방법을 제한받지 않을 수 없다. 문제는 이러한 한계를 얼마나 제대로 인식하고 자기중심적 편견을 최대한 탈피하려고 노력하느냐인 것이다. 편견을 편견으로 인식하기는커녕 오히려 이것을 보편적인 진실로 믿는 것이야말로 과학이나 학문의 탈을 쓴 이데올로기 혹은 신화에 불과하다.

그러나, 그렇지 않다면, 자기중심적 사고는 어느 정도 불가피할 뿐 아니라 어떤 면에서는 필요하기도 하다. 다시 말해 자기의 현실과 삶을 반영한 주체적인 사고가 필요하다는 말이다. 우리는 자신의 삶이나 남의 삶을 볼 때 최대한 객관적이 되려고 노력해야 하지만, 어차피 자신의 생활공간이 설정하는 사고 영역을 벗어나기 어렵다고 본다면, 최소한 남의 삶과 남의 눈을 빌려서 볼 것이 아니라 자기의 삶과 자기의 눈으로 보아야 한다는 것이다. 바로 **우리 눈**이다.

지역 연구의 경우를 보기로 들어보자. 지금 우리나라에서 하는 지역 연구들은 미국의 지역 연구를 그대로 베끼고 있다. '남의 삶(남의 문제)'을 '남의 눈'으로 보는 것이다.8) 물론 미국의 지역 연구 이론이나 방법이 말할 수 없이 앞서 있고 우리의 지역 연구는 아직도 시작 단계라 어쩔 수 없다고 할 수도 있을 것이다. 그러나 우리 고유의 방법론이나 이론을 개발하지 못하고 미국 것을 도입하더라도, 최소한 '문제 설정'에는 우리의 삶과 우리의 필요가 반영되어야 하는데 별로 그렇지 못한 것 같다. '눈'은 남의 것을 빌리더라도 '삶'은 내 것이어야 하는데 그렇지도 못한 것이다. 일본 연구의 경우에서도 이는 뚜렷이 나타난다. 일본을 미국인이 연구하는 것과 한국인이 연구하는 것은

---

8) 여기서 '남의 삶'이란 '다른 지역 사람들의 삶'이란 뜻이 아니라 '특정 지역의 특정 연구가 필요한 미국인의 삶'이란 뜻이다.

목적이 다르고 처한 현실이 다르기 때문에 시각도 다른 것이 자연스럽다. 그러나 일본에 대한 사회과학적 연구는 미국 학계의 일본 연구가 제시하는 문제 영역을 대부분 그대로 이어받아 그들이 만든 개념과 이론을 통해 일본을 보고 있다. 정부와 기업 관계에 대한 연구자가 가장 많은 이유가 그것이다(왜 정치학자들은, 예를 들어, 독도 연구를 하지 않을까?).

국제정치학의 경우도 비슷하다. 미국이야말로 국제정치학이 가장 발달한 나라다. 세계를 관장하는 최강국이기 때문이다. 이 최강 패권 국가와 동북아의 조그만 중진 국가는 국제 정치에서 맡은 역할도 다르고 국민들이 이에 대해 느끼는 느낌도 다르다. 그들은 세계를 지배하고 우리는 지배를 당하고 있다. 더구나 우리는 분단국가고 여전히 냉전의 최첨병이다. 당연히 다른 시각과 다른 이론이 나와야 한다. 남미에서는 이것이 종속이론의 형태로 나타났고, 일본에서는 그들의 '평화 헌법'을 반영하듯 평화 연구의 형태로 나타났다. 또 온누리의 흑인들은 백인의 지배에 대항하는 저항 사상의 형태로 자신의 주체적인 관점을 드러냈다.

그러나 한국의 국제정치학자들은 오로지 미국 학자들과의 친분을 자랑스럽게 여기고 미국 국제정치학의 기술적인 용어들을 얼마나 잘 다루는가를 학문 수준의 척도로 알고 있다. 뿌리 깊은 지적 사대주의의 결과일 뿐이다.

2. 한국 사회의 특수성과 학문의 보편성

'우리 삶'을 '우리 눈'으로 연구한다는 것은 곧 한국의 특수성을 살리는 학문을 한다는 말이다. 이를 통해 준보편성, 그리고 궁극적으로는 보편성으로 나아가야 한다. 특수성은 단위별로 다양하게 나타난다. 사회과학의 가장 작은 단위인 개인 곧 '나'에서 시작하여 혈연, 지방, 나라의 크기로 나아가고 잇달아 권역, 세계로 나아간다. 각 단위마다 특수성들이 존재한다. 이에 따른 개별적인 시각들이 다양하게 존재하면 할수록 좋다.

사회과학의 특수성이 반드시 '민족'이나 '국가' 단위에 국한되어야 할 필요는 없다. 나라 안에서는 전라도의 특수성이 있고 강원도의 특수성이 있다. 서울의 특수성이 있고 춘천의 특수성이 있다. 또 이런 특수성이 반드시 지역 단위로 이루어질 필요도 없다. 남성과 여성의 차이가 있고 계급의 차이가 있고 시간의 차이가 있다. 수없이 많은 특수성들이 존재할 수 있다. 그러나 지금 여기서 가장 우리의 논란이 되는 것은 아무래도 민족-국가 단위의 구분이고 더 나아가서 권역의 구분이다. 문화와 학문의 주체성 문제에서 아직도 이러한 구분이 가지는 의미가 가장 큰 현실을 부정할 수 없다.

'우리(한국인, 한민족)'의 상황에는 보편적인 상황과 특수한 상황이 같이 있다. 앞의 것은 외국 이론을 적절히 활용, 변용하여 다룰 수 있지만, 뒤의 것은 주체적인 학문 개발이 있지 않으면 안 된다. 그러면 한국의 특수한 사회 상황에는 어떤 것들이 있을까? 큰 문제들만 생각나는 대로 몇 가지 들어보자면, 다음과 같은 것들이다.

① 우리는 지금 세계에서 유일한 분단국가다. 그리고 여전히 반공의 최첨단 보루다. 이보다 더 특수한 상황이 어디 있겠는가? 이 문제가 얼마나 우리 사회과학의 성과에 나타나고 있는가?
② 우리의 군부 통치는 매우 길었다. 그리고 정치적 민주주의의 성장도 꽤 잘된 편이다. 이 양쪽 경험을 가진 나라도 많지 않다.
③ 급속한 경제 성장은 역사상 유례를 찾아볼 수 없을 정도다. 몇 나라 되지 않는다.
④ 유교적 혈연주의가 다른 어느 나라보다 강하다. 왜 중국보다도 더 강할까?
⑤ 민족주의 정서가 매우 강한 반면 그 이상으로 문화적 사대주의도 강하다. 이렇게 뚜렷한 대비도 흔히 보이는 것은 아니다.

⑥ 우리는 수천 년 동안 중국의 지배를 받으면서도 끈질기게 살아
남았다. 지금도 강대국들 사이에서 질긴 목숨을 부지하고 있다.
특이하지 않은가?

한국의 사회과학은 위와 같은 문제들을 정면으로 다루어야 한다.
그래야 요즘 유행하는 '경쟁력'이 생긴다. 우리 것을 우리식으로 해야
경쟁력이 생기고, 그래야 '나'를 잃지 않고 나를 세계 속에 심으며 '남'
과 동등하게 교류하는 진정한 '세계화'가 되고, 그래야 외국 사람들이
관심을 기울인다. 미국인은 서울에서 햄버거를 먹고 싶어 하기도 하
겠지만, 대개는 한국 음식에 어떤 것들이 있나 관심을 기울일 것이다.
한국 청소년의 테크노 음악이 미국 청소년의 그것을 그대로 베낀 것
이라면 누가 거들떠보겠는가? 테크노에도 된장 냄새가 묻어나야 외국
사람들이 관심을 갖지 않겠는가? 주체성뿐 아니라 '경쟁력,' 더 나아
가 '상업성'을 위해서도 우리 것을 해야 한다. 그러나 물론 전제가 있
다. 그 특수한 것이 보편적 의미를 띠어야 한다. 그러면 특수성이 어
떻게 (준)보편성이 될 수 있을까? 우선, 특수한 상황이 지닌 보편적
의미를 생각해 볼 수 있다. 위의 문제들에 맞추면 다음과 같이 된다.

① 분단과 전쟁은 한국인의 인간성을 어떻게 피폐하게 만들었는가?
② 군부 통치는 왜 길었는가? 왜 민주주의는 정착되었는가?
③ 급속한 경제 성장과 정치사회적 혼란의 관계
④ 혈연주의가 강한 곳과 약한 곳의 정치과정 비교
⑤ 사대주의와 민족주의는 동전의 양면인가?
⑥ 강대국들 사이에 낀 약소국의 생존 전략

위와 같은 문제들을 탐구함으로써 각 문제들에 대한 '보편적' 이론
들을 살찌우는 데 기여할 수 있다.
특수성이 보편성으로 되는 두 번째 길은 특수한 시각에서 나온 개

넘이나 이론, 운동을 (준)보편적으로 적용하는 것이다. 예를 들어, 남미의 경험에서 나온 종속이론을 다른 주변부 지역에 적용한다든가, 비폭력 운동의 개념을 전 세계 시민운동 일반에 폭넓게 적용한다든가, 아니면 거꾸로 파농이 주장한 제국주의에 대한 폭력 저항을 흑인 아닌 황인이 채택한다든가 하는 일이다. 실제로 이런 사상들은 이에 찬성하고 반대하고를 떠나 상당한 보편성을 획득하였다. 세계는 미국 학계에서 이름을 날린 제3세계 학자보다는―이 또한 가치 있는 일임을 부인하지 않는다―자기 나름대로의 제3세계 이론을 만들어내어 이를 오히려 선진국들에 수출한 인물을 더 기억하고 더 평가한다.

라. 한글로 하는 사회과학

우리 학문 하기의 당위성에 대해서는 요사이 꽤 많은 사람들이 얘기하고 많은 생각의 성과도 나타나고 있다. '우리 삶'을 '우리 눈'으로 보는 '우리 학문'을 하자는 주장들이다. 그런데, 구체적으로 어떻게 할 것인가에 대해서는 아직도 이렇다할 처방이 없는 것 같다.

조동일은 옛 학문의 비판적 전통과 서양 학문을 적절히 활용하면서 새로운 우리 것을 만들어낼 천재의 출현을 고대하고 있다. 김영민은 '논문 중심주의'와 '원전 중심주의'를 벗어날 것을 주장하고 '잡스런 글쓰기'를 통해 창조적인 우리 것을 이루어야 한다고 주장한 바 있다.9) 이들은 모두 서양 제도 학문의 권력 독점과 대학의 획일화, 지식인의 식민지성을 질타한다.

그 근본 뜻에 전적으로 찬동한다. 이런 서양 사대주의와 학계 권위의 독점과 획일화가 지속되는 한 진정한 우리 것을 절대로 창조할 수

---

9) 김영민, 『탈식민성과 우리 인문학의 글쓰기』(서울: 민음사, 1996). 그 역시 이 책만 내고 이에 대해 아무 일도 하지 않았다.

없다. 이를 시도하는 이단아들은 학계에서 추방되고, '운동권'이 되어 거칠고 과격하게 된다. 그러면 학계에서 더 배척당하는 것은 물론이고 일반 지식 사회에서도 멀어질 수 있다. 그러면 어떻게 할 것인가?

글쓴이는 이들의 문제의식뿐 아니라 방법의 제시에도 대체로 동의한다. 지금과는 완전히 다른 사고방식, 매우 다른 글쓰기 방식을 통해 우리 학문을 일궈내야 한다. 그러나 이 두 인문학자와는 달리 여전히 발을 땅에 딛고 있는 이 사회과학자는 이들의 방법 제시가 약간은 땅 위에 떠 있는 듯한 느낌을 지울 수 없다.

조동일의 방법은 천재가 아니면 하기 어려울 것 같고, 김영민의 방법은 성과가 미심쩍다. 어쨌든 조동일 교수는 그 동안 방대한 한국 문학사를 정리하였으며, 우리 고유 학문의 질을 높이는 데 기여하였다. 최근에는 최봉영 교수가 한국 사회에 대한 독창적인 철학적 분석을 내놓고 있다. 떠들썩한 껍데기 소란과는 달리, 이 둘의 업적이 그나마 한국적 학문의 길을 뚫어가고 있다고 보아야 할 것이다.

어떻든 지금까지는 "이렇게 해야 한다, 저렇게 해야 한다"고만 해 왔는데, 거기서 그치지 않고 실제로 그렇게 한 성과물을 제시할 수 있어야 한다. 아직은 더 기다려야 한다고 하자. 그러나 그렇게 하지 않으면 굳건한 제도권의 빗장이 조금도 열리지 않고, 그들은 푹신한 소파에 비스듬히 기대앉아 미소지을 뿐이다.

1. 우리 말글과 우리 학문

지금까지 우리 학문을 하자는 주장들이 당위론에 머무르고 현실적인 방안으로 나타나지 못한 큰 이유 중의 하나는 **우리말과** 글로 해야 한다는 데 착안하지 못했기 때문이다. 이것이 바로 내가 제안하고자 하는 방법이다. 이는 윗분들이 제시한 것보다 더 현실적이고 쉬운 방법이다. 아니, 생각하기에 따라 가장 하찮고 쉬울 수도 있지만, 또 가장 근본적이고 어려울 수도 있다. 나는 이를 쉬운 쪽으로 생각하고 가

벼운 마음으로 출발하고자 한다. 읽는 이 여러분들도 그렇게 해주기 바란다.

물론 우리말과 글로 한다고 곧 우리 학문이 되는 것은 아니다. 그것은 첫걸음일 뿐이다. 그러나 '우리 말글로 하기'와 '우리 문제를 우리 눈으로 연구하는 것'은 뗄 수 없는 관계에 있기 때문에, '우리 말글로 하는' 사회과학은 '우리' 사회과학의 궁극적인 목표이기도 하다.

여기서 '첫걸음'과 '궁극 목표' 사이에는 많은 단계의 수준 차가 있다. 첫걸음은 되도록 외국말이나 글자를 쓰지 않고 우리말과 글로 사회과학을 하는 초보 단계이다. 궁극 목표는 우리 말글로 우리 개념을 생산하고 이를 통해 우리 문제를 독자적으로 해석하며 이를 세계의 다른 곳에서도 통용될 수 있는 보편적인 이론이나 사상으로 발전시키는 것이다.

그래서 첫걸음은 하찮고 쉽지만 궁극 목표는 가장 근본적이고 어렵다. 어쩌면 첫걸음에서 최종 목표로까지 나아가는 것은 가능하지 않을 지도 모른다. 그러나 그럴수록 노력해야 한다. 조동일은 이 중에서 '우리 문제를 우리 눈으로 보는 우리 학문(다시 말해, **우리 삶**과 **우리 눈**)'에 초점을 맞춘다. **우리 말글**에는, 무관심한 것 같지도 않지만, 특별한 관심을 보이지도 않는다. 그들의 목표는 우리의 '첫걸음'보다는 더 야심적이고 '궁극 목표'보다는 덜 나아갔다.

나는 여기서 당장 궁극 목표를 달성하자고 주장하지는 않는다. 우선 첫걸음을 시작하자는 것이다. 그리하여, 많은 보통 연구자들의 조그만 첫걸음 노력들이 쌓이고 쌓일 때, 우리 말글로 보편적인 이론을 만드는 진짜 우리 사회과학의 길로 들어갈 수 있다는 것이다.

그런데, 우리 말글로 학문을 하자고 하면 곧 "무슨 소리냐? 그러면 우리가 지금 영어나 중국말로 학문을 하고 있다는 말이냐?" 하고 반문할지 모른다. 이런 지당한 듯한 꾸짖음에 나는 감히 "그렇다!"라고 대답한다. 지금 우리의 사회과학 논문들은 90%가 한글로 적혀 있고 10%가 영어와 한자로 적혀 있는데 그중 영어가 훨씬 많다. 20년 전에는 80%가 한글이었고 20%가 한자나 영어였는데 그중 한자가 훨씬 많았다.

한글이 더 많아졌으니 학문 독립이 더 이루어졌는가? 결코 그렇지 않다. 그때나 지금이나 가장 핵심적인 언어는 영어나 한자로 씌어진다. 순우리말로 된 학술 용어는 전혀 없다시피 하다. 한자말은 이미 우리 말이 되었다고 하자. 이에 대해 반박하고 싶지는 않다. 그러나 이는 여전히 중국 중심의 사고방식에 우리가 젖어 있다는 점을 증명한다. 실제가 그러하니 어쩔 수 없다.

그러나 한두 가지라도 토박이말로 학술 용어를 만들어 보려는 노력을 하지 않았으니, 이것이 문제이다. 오히려 우리 조상들은 우리말을 죽이고 중국말을 들여와 거기에 권력을 부여하기 위해 1000년 이상을 분투해 왔다. 그래서 우리가 오랑캐의 위치로 떨어지지 않았던 것인가? 그런진 몰라도 후손인 우리는 일말의 부끄러움이라도 느껴야 한다.

더구나 요즘은 영어를 떠나서는 사람들이 말을 하지 못하고 글을 쓰지 못한다. 가끔 독일어나 프랑스말도 양념으로 끼워넣지만 말이다. 모든 주요 개념들에 영어를 덧붙여야 하고 사람 이름, 지역 이름에도 원어를 써주어야 한다고 생각한다. 그래야 글 쓰는 사람이 안심을 한다.

그러나 읽는 이의 처지에서 볼 때는 이런 원어 덧붙이기가 꼭 필요한 경우는 별로 없다. 원어를 건너뛰어 읽는 경우가 훨씬 많다. 적어도 나의 경우는 그렇다. 이런 일은 낭비일 뿐 아니라 더 심각한 문제가 도사리고 있다. **외국어를 통하지 않고서는 사고를 할 수 없고 글을 쓸 수 없다는 사실이다.**

그러나 실제로는 영어가 필요하지 않은 경우가 더 많다. 우리는 쓸데 없는 영어를 얼마나 많이 쓰고 있는가? '시너지'라는 말을 너도나도 쓰기에 동료 교수에게 물어본 적이 있다. "도대체 시너지가 뭐요?" "상승효과지, 뭐"한다. 전혀 부끄럽지 않았다. 오히려 상승효과라는 말도 모르는 사람들이 한심했다. 이런 것이다.

영어를 써야 안심하는 지식인들은 심각한 영어 콤플렉스에 빠져 있고 이는 식민성이 이 땅을 지배하는 결과다.[10] 어느 영문과 교수에게 편지를 쓴 적이 있다. 사이드의 『문화와 제국주의』를 번역한 책[11]에 (물론 그뿐만이 아니고 학술서적이라는 것이 모두 그렇지만) 하도 영어 병기를 많이 했길래 편지를 했던 것이다. 예를 들어 '다문화주의'라는 말이 매우 자주 나왔다. 읽는 이들은 '다문화주의'를 이 글자만 보고 무엇인지 알겠는가, 모르겠는가? 모르는 사람은 '多文化主義'라고 쓰니 더 잘 알게 되었는가? 또 모르겠으면 'multiculturalism'이라고 써주면 알게 되겠는가? 정말 그런지 정말 알고 싶다. 왜냐하면 나에게는 한자나 영어를 덧붙이는 게 쓸데없는 시간과 종이의 낭비로 보이기 때문이다. 그러나 다시 말하지만, 이는 단지 낭비의 문제가 아니라 더 심각한 문화 예속성의 문제다.

경우에 따라서는, 원전을 인용한다든가 외국의 새로운 개념을 도입한다는가 하는 경우, 원어를 덧붙여야 할 것이다. 그러나 이 경우에도 최소한으로 줄일 방법은 얼마든지 있다. 예를 들어, 한문 경전을 인용하는 경우, 사람들은 거의 언제나 한문을 그대로 적고 밑에 한글 번역을 붙인다. 창피하지만 나는 원문을 읽은 적이 한번도 없다. 왜냐하면 읽을 능력이 없으므로. 그런데 반드시 창피하지도 않다. 꼭 읽을 수 있어야 하는 것은 아니므로. 그러니 많은 경우 원전 인용도 한글 번역으로 충분하다는 얘기다(전문가를 위한 것이라면 번역 자체가 필요 없겠지). 원문을 꼭 붙이는 것은 예로부터의 습관일 수도 있고 지식 자랑일 수도 있다. 어떻든 문화 예속성과 무관하지는 않다.

또 한문에 나타나는 용어가 현대어와 다를 경우 한자를 그대로 써

---

10) 비슷한 일본 상황을 지적한 책으로 츠다 유키오 지음, 김영명 옮김, 『영어 지배의 구조』(춘천: 한림대학교 출판부, 2002)가 있다.
11) 에드워드 사이드 지음, 김성곤, 정정호 옮김, 『문화와 제국주의』(서울: 창, 1995).

야 할 경우가 있을지 모르겠다. 예를 들어, '民' '體' '用' 이런 것들이다. 그러나 내 생각은 이것도 현대 한국어로 바꾸어 한글로 쓰는 것이 더 바람직하다는 쪽이다. '민'을 '민중'이나 '백성'으로 옮기고 '체'를 '몸' 따위로, '용'을 '쓸모' 따위로 옮기는 것이다. 다 되지 않을지는 모르지만 이런 노력이 필요하다. 특히 요즘 한자를 잘 모르는 세대를 배려하는 것이 옳다. 한문 공부를 하라고 다그칠 것이 아니라 옛 문헌을 한글식 한국어로 번역하는 작업이 더 중요하다.

더구나 영어를 비롯한 외국 말들은 우리말로 반드시 번역하여 쓰도록 해야 한다. 말이 생각을 지배하고 생각이 말을 만든다. 문화의 요체는 말을 떠나서 생각할 수 없다. 말의 예속은 곧 문화의 예속이고 문화의 예속은 곧 말의 예속을 불러온다. 우리 학계의 문화 예속과 말 예속은 어느 것이 먼저랄 것이 없다. 외국말을 그대로 쓰는 것으로 부족하여 정부와 기업과 지식인들이 나서서 새로운 용어를 영어로 만들어댄다. 'BK 21', 'Great 21(춘천시의 문화정보 산업 진흥 계획)', 'Buy Korea' 따위들. 그리고 있는 우리말을 앞장서서 없앤다. 자문가 대신 컨설턴트, 분석가 대신 애널리스트, 단계 대신 스테이지, 미용사 대신 헤어 드레서 등등. 그리고 이것이 세계화라고 주장한다. 한심한 세계화. 이는 미국화이고 예속화일 뿐이다.

2. 언어 제국주의와 저항

그런데 지금 나타나는 언어 예속은 '자연스러운' 문화 이동이나 '시장 법칙'에 따른 것이 아니다. 그런 점도 없지는 않겠으나, 의도적인 언어 곧 영어 패권주의 정책의 직접 산물이다.12) 이를 부추기는 것이

---

12) 언어 제국주의는 요사이 나라 밖에서는 언어사회학 또는 사회언어학의 중요한 분야가 되었다. 우리나라에서는 아직 제대로 소개되지 않고, 사람들은 그저 영어 배우는 것이 세계화인 줄 알고 있다. Mark Philipson, *Linguistic Imperialism* (Oxford: Oxford University Press, 1992); Peter Mülhausler,

국내의 사대주의자(기업, 정부, 지식인, 영어 판매원)들이다. 세계 차원과 국내 차원이 직접 연결되는 언어 제국주의론이 가능한 것이 바로 이 이유 때문이다.

과거에 한문을, 지금 영어를 사랑하는 것은 선진 문물을 받아들이는 과정에서 어쩔 수 없이 나타나는 일이기도 하다. 그러나 외국 문물을 받아들일 때 얼마나 자신의 정체성을 유지하면서 받아들이느냐에 따라 그 나라 문화의 방향이 달라진다. 물론 남의 말과 글자를 쓴다고 독자적인 것을 전혀 만들지 못 한다는 것은 아니다. 조동일의 주장이 여기에 해당된다고 할 수 있을 것이다. 이에 대해서는 앞에서도 썼으니 이쯤 해두고 다시 영어로 돌아가 보자.

어떤 사람들은 영어를 쓴다고 반드시 문화 예속은 아니라고 말할 것이다. 정말로 케냐의 아체베 같은 작가는 영어로 작품을 쓰면서 자기 민족의 역사와 문화, 삶과 꿈을 예술의 경지로 승화시키고 서방의 제국주의 지배에 대항하여 싸운다고 한다.

그러나 이 경우는 우리와 다르다. 영국의 오랜 식민 통치를 받았고 서로 다른 부족어들이 많아서 통일 민족어가 존재하기 어렵고 영어가 지배어로 굳어진 경우이다. 말하자면 한문이 지배글로 굳어졌던 우리 과거의 역사와 비슷하다. 이에 대하여 응구기 같은 사람은 영어로 작품 쓰기를 그만두고 자기 부족의 고유어인 키쿠유 말로 저술 활동을 하고 있다. 부족어를 고양한다는 의미말고도 영어 안에서 영어가 상징하고 감싸는 권력과 싸운다는 것은 아무래도 한계가 있다고 생각했기 때문이다.[13]

Linguistic Ecology: Language Change and Linguistic Imperialism in the Pacific Region (London, New York: Routledge, 1996).

13) 응구기 씨옹오, 『탈식민주의와 아프리카학』; 치누아 아체베 『제3세계 문학과 식민주의』. 둘 다 이석호 옮김으로 인간사랑(1999)에서 나옴.

3. 어떻게 우리 말과 글로 하나?

그러면 이렇게 영어가 지배하고 있는 한국 사회과학의 언어를 어떻게 한글과 우리말로 바꿀 수 있을까? 한꺼번에 되지 않는다. 그리고 세월이 흘러 성과가 쌓여도 완전히 되지는 않는다. 반드시 토박이말로 해야 하는 것도 아니다. 한자가 굳어진 것은 굳어진 대로, 영어나 독어 개념이 굳어진 것은 굳어진 대로 쓸 수밖에 없을지도 모른다. 그러나 기본으로 지켜야 할 것은 지켜가야 한다. 그것은 되도록 우리말을 만들고 외국 말을 우리말로 옮겨 한글로 적는 것이다.

한자말 중에는 외국어로 옮기기 힘든, 한국의 정서나 한국인의 삶이 배어 있는 것들이 있다. '한', '정'과 같은 말들이다. 이 말들은 주로 문학의 대상이 되었지만, 사회적 삶을 이해하는 데 유용한 개념으로는 사용되지 못했다. 그러나 지금 우리의 사회 관계나 정치과정이 이런 기본적인 한국적 정서를 떠나서는 충분히 이해될 수 없다는 점에 대부분의 사람들이 공감할 것이다.

"한 많은 미아리 고개", "한 많은 대동강아 변함없이 잘 있느냐", "여자가 한이 맺히면 오뉴월에도 서리가 내린다", "전라도의 한", "정 주고 내가 우네", "그 놈의 정 때문에", "사랑보다 더 진한 건 정이라고" …… 우리의 삶에 뿌리박은 이런 정서들, 여기에 통일이 들어가고 한국적 경영이 들어가고 지역감정이 들어가고 '승자 독식'이 들어가고 연고주의가 정경유착이, 부정부패가 들어간다. 이것들을 학문적으로 풀어낸다면 이것이야말로 한국적 사회과학이 될 것이다. 그리고 이런 정서와 사회 관계가 어떻게 사회 현상에서 보편적 의미를 가지는가를 밝힐 수 있다면, 이는 사회과학의 보편성 확대에도 크게 이바지할 수 있으리라고 본다.

우리말로 우리 삶의 체험을 서술하고 이해하려고 한 최근의 업적으로 최정운의 『오월의 사회과학』(서울: 풀빛, 1999)이 있다. 미국의 주류 사회과학으로는 도저히 담아낼 수 없는 처참하고 때로는 아름다운 광주의 비극을 우리의 언어로 엮어내었다. 한글 사회과학 출발점의 한 보기로 삼을 수 있겠다.

그러나 이는 아직은 '한글' 사회과학이 아니다. 저자도 이를 목표로 하지는 않았다. 그는 당시 광주에서 일어난 일들을 말로 나타낸다는 것 자체가 한계가 있다고 했다. 그뿐 아니라 거기에 참여했던, 죽었거나 고문당했던 사람들이 이 "말도 안 되는" 일을 무슨 말로 표현해야 할지 난감했다고 한다. 말로 안 되는 부분은 어쩔 수 없다. 그러나 말로 되는 부분은 우리말로 하려고 노력해야 한다. 그의 글이 '우리말 만들기'와 '우리말로 광주 보기'를 좀더 본격적으로 하였다면 더 큰 감동을 주지 않았을까 생각된다.

우리말 사회과학을 위해서는 외국 학술 용어들을 그대로가 아니라 번역해 들여오는 것이 매우 중요하다. 번역을 통해 우리 말이 갈고 닦여지기 때문이다. 당연한 말인 것 같지만 현실은 당연하지 않다. 번역을 노력의 낭비라고 생각하는 사람도 있고, 심지어 영어를 공용어로 하자는 사람도 있다. 또 번역서라는 것들을 보면 대부분 원어(한자나 영어 등)가 번역어 옆에 덧붙여져 있다. 이는 온전한 번역이 아니다. 장인 정신이 부족한 일이다.14) 한문을 번역한 것 중에는 여전히 한문투라 다시 한 벌 더 번역해야 할 것들이 많다. 한자를 하나도 안 써도 될 정도로 번역해야 진짜 번역이다. 어렵지만 어려운 대로 방법을 찾아야 한다.

또, 우리 학계에는 외국말을 번역하거나 새 말을 만드는 중앙 기관이 있어야 하겠다. 각 학문 분과별로 대표자들이 모여 확정되지 않은 말, 새로 들어오는 말들을 어떻게 번역하거나 우리말로 바꿀 것인가를 논의하고 지침을 학자나 지식인들에게 제시해 주어야 한다. 이는

---

14) 성경 번역을 한번 생각해 보자. 서양 선교사가 시작한 성경 번역은 순한글이다. 번역에 문제도 많겠지만, 한글로만 썼기 때문은 아니다. 글쓴이는 박사 학위 논문을 우리말로 옮긴 『제3세계의 군부 통치와 정치 경제』(서울: 한울, 1985)를 문헌 제시를 빼고는 모두 한글로만 썼다. 아무도 불편하다고 불평하지 않았다.

국가의 언어 정책하고도 밀접한 관계가 있다. 국가 차원에서 이런 일을 해야 할텐데, 오히려 앞장서 외국말 쓰기에 나서고 있으니 이 정부는 역사의 죄를 짓고 있는 셈이다.

공식 기관으로 안 되면 사적으로 할 수밖에 없다. 뜻있는 사람들이 나서서 단체를 만들고 번역어를 만들고 새로운 우리말을 만들어 지식 대중들에게 보급해야 한다. 인터넷의 발달은 영어 제국주의를 강화하는 데 이바지하고 있지만, 거꾸로 이에 대항하는 시민 연대의 활동을 쉽게 만들기도 한다. 이를 적극 활용하여야 한다.

번역을 어떻게 우리식으로 할 것인가를 본격적으로 고민한 본보기로 승계호가 짓고 김주성이 대표 번역한 『직관과 구성』(서울: 나남, 1999)이란 책이 있다. 그는 후기에서 용어 번역이 왜 중요하며 어떤 식으로 번역해야 할 것인가에 대해 자신의 생각을 밝혔다. 그 정신을 높이 산다. 하지만 조금 의견을 달리 하는 부분도 있다.

그것은 이미 통용되는 번역어가 부정확하다는 이유로 다른 번역어를 써야 한다는 주장이다. 예를 들어 그는 'justice'를 '정의'로 번역하는 것은 부정확하니 '공정성'으로 바꾸어야 하다고 주장한다. 번역의 정확성에 대한 그의 말은 옳지만, 이런 식으로 하다 보면 끝이 없다. 이미 통용되는 번역어가 옳으니 그르니 하면서 논쟁할 시간과 여유가 우리에게는 없다. 조합주의도 'corporatism'의 번역으로는 낙제이지만, 모두 그렇게 쓰면 그런 뜻이 된다. 꼭 한자의 뜻에 얽혀 글자의 정확성을 주장할 필요는 없다. 혼란만 가중된다.

영어에도 잘못된 이상한 말들이 얼마나 많은가? 쓰면 쓰는 것이다. 단 새로 번역하거나 새 말을 만들 때는 정확성과 편의성이 함께 고려되어야 할 것이다. 또 여러 가지로 혼동되고 있는 말들에 대한 정리도 필요하다.

번역을 할 때는 되도록 순우리말로, 안 될 때 한자말로 할 것을 제안한다. 새 말을 만들 때도 마찬가지다. 그렇다고 이미 굳어진 한자말들을 순우리말로 바꾸려고 노력하는 것도, 정신은 가상하지만, 그럴 여유가 우리에겐 없다. 단 이를 꼭 한자로 써야 한다는 주장에는 동의할 수 없다. 비행기를 '날틀'로 고칠 이유는 없다. 그러나 날틀을 이상한 말이라고 생각하는 데는 문제가 있다. 날틀, 셈틀(컴퓨터)이란 말들은 사람들이 안 써서 그렇지 그 자체로는 훌륭한 말들이다. '베틀'이 그렇듯이 말이다. 북한의 '얼음보숭이', '살결물', '모서리공' 이런 말들을 듣고 사람들은 웃는다. 나도 그랬다. 그러나 웃는 우리가 얼마나 부끄러운가? 이들은 얼마나 아름다운 우리말들인가?

순우리말은 어휘가 부족하다고 사람들은 말한다. 어느 정도 맞는 얘기다. 그러나 그렇게 된 이유를 알아야 한다. 신라의 경덕왕은 당을 섬기고 본받고자 관직과 땅 이름, 사람 이름을 모조리 한자로 바꾸었다(757년). 우리말들은 맥을 못 쓰고 시름시름 죽어갔다. 조선의 사대부들이 우리말과 글을 어찌 천시했는가는 더 말할 필요도 없다. 이러니 어찌 토박이말이, 그것도 개념어들이 풍부할 수 있겠는가? 그렇다고 중국 말을 빌려 쓰다 이제 영어를 쓰겠다면 한국어는 어떻게 되는가? 지금은 한글이 예전과는 비교할 수 없는 힘을 가지게 되었으니 이제부터라도 한글 용어 쓰기, 우리말 만들기에 노력해야 한다. 그러면 우리말은 점차 풍부해질 것이다.

또 사람들은 순우리말에는 말 만들기 능력이 부족하다고 말한다. 상당 부분 맞는 얘기다. 그래서 한자의 힘을 빌린다. 그러나 이 말에는 두 가지 문제가 있다. 우선, 동작과 모습을 표현하는 순우리말의 능력은 세계 어느 나라 말에 비해서도 전혀 손색이 없다. 말 만들기 능력이 없다는 것은 이름씨 개념어의 경우를 말하는데, 이 경우는 어느 정도 사실인 듯이 보인다. 그러나 반드시 그렇지도 않다. 말 만들기 능력이 없는 것보다 우리말 만들기를 하찮게 보는 '식민지적'인 마음이 더 문제다. '지킴이', '미닫이' 이런 말을 학술 용어로 쓸 수 있다고 생각하는 학자가 얼마나 되는가? 이런 말들을 써야 한다.

여기서 우리는 우리 삶에 깃든 친근한 말로 새로운 이름을 만든 생물학자들을 본받아야 한다. '각시해바라기', '오리너구리', '목도리도마

뱀' 등 모두 얼마나 정겹고 좋은 이름들인가?15) 글쓴이는 아직 능력
이 없어 새로운 한글 개념들을 만들어 내지는 못했지만, 얼핏 생각나
는 것들만 들면 '힘', '앎', '삶', '얼개', '줏대' 이런 말들은 학술 용어로
얼마든지 쓸 수 있다. 개념어들은 아니지만 글쓴이는 한민족 통일의
경로를 '오는' 통일과 '이루는' 통일로 구분해 보기도 했다.16)

이런 식으로 자꾸 쓰면 저절로 한글의 표현 능력이 풍부해진다. '움
직씨', '말본' 등 얼른 생각나는 국어 용어들이 통용되지 못한 까닭은
'동사', '문법'과의 권력 투쟁에서 한 표 차로 졌기 때문이다. 이는 말
만들기 능력과는 아무 상관 없는 국어학계와 정계로 이어진 힘겨룸의
결과였다. 만약 한글파가 그때 이겼더라면 한글의 힘은 지금보다 훨
씬 더 커졌을 것이다.

4. 민주화와 다원화

한글 사회과학은 학문의 주체성만을 목표로 하지는 않는다. 강대국
의 말을 선호하는 것은 궁극적으로 그것이 권력과 부와 지위를 보장
하기 때문이다. 그래서 이는 고도의 정치 문제이다. 한글 사회과학은
문화 독자성뿐 아니라 지식과 정치의 **민주화**도 추구한다. 이것은 지
식 엘리트층의 지배와 권력 독점을 타파하고 지식을 더 많은 민중들
에게 나누어주기 위해 꼭 필요한 일이다.

세계화를 내세우면서 영어를 전파하기에 노력하는 사람들은 그 나
름대로 계몽주의자로 자처하는 모양이지만, 민중들이 영어를 익히는
데는 한도가 있다. 영어권 나라의 본격적인 식민 통치를 수십 년 이상
받거나 집단 수용소 같은 것을 만들어 수십 년, 백 년 교육시켜야 국

---

15) 이들도 아마 '하찮은' 동식물들의 이름이라 우리말로 짓는 데 고민을 안 했는지
    모른다.
16) 김영명, "민족 통합을 보는 정치학적 관점." 서대숙 외, 『민족 통합과 민족 통일』
    (춘천: 한림대학교 민족통합연구소, 1999).

민의 10% 정도가 영어를 모국어처럼 말할 수 있게 될 것이다. 그러니 영어 공용어론은 다른 어떤 이유보다 비현실적이라는 이유 때문에 논란의 대상이 될 수 없다.

실제 문제는 영어 지배가 더 심화되어 영어와 한국어가 뒤섞인 괴상한 '피진' 말이 지배하는 것이다. 이는 식민지의 표상이다. 영어론자들이 의도하는 것이 이것은 아니리라 믿는다. 그러나 그들이 뜻을 펼치겠다고 날뛸 때 나타날 필연적인 현상이 바로 이런 것이다. 피진어는 영어 능력과 아무런 상관이 없고, 영어도 제대로 못하고 한국어도 제대로 못하는 식민지 백성만을 만들 뿐이다. 이 식민지 구조에서 이득을 보는 계층은 물론 식민 모국과 이에 줄 닿아 있는 국내 기득권층들이다. 여기에는 물론 영어 귀족들도 포함된다.

이런 지배 구조를 타파하고 민중의 삶과 정서를 민중의 말로 표현하자는 것이 한글 사회과학이고 한글문화 운동이다. 따라서 한글 사회과학의 정신은 **민중 사랑**의 정신이다. 이에는 비단 한국어, 한민족뿐 아니라 핍박 받는 세계의 수많은 소수 언어, 소수 민족에 대한 사랑도 포함된다. 온누리에서 일어나고 있는 피압박 민중들의 자기 지키기 운동과 연대하고 문화 정체성 투쟁과 함께해야 한다. 한자를 민중이 체득할 수 없었듯이 영어도 민중은 체득할 수 없다. 영어 지배는 엘리트층이 민중 위에 군림하는 기득권의 구조를 심화시킬 뿐이다. 『5월의 사회과학』은 결코 영어로 씌어질 수 없다.

우리말로 우리 학문을 하자는 것은 지배층의 지식 독점과 대외 예속을 떨치고 지식을 일반 대중이 공유하기 위해서뿐 아니라, 강대국의 일방적인 권력에 굴복하지 않고 세계 문화의 **다양성**을 지키는 데에도 반드시 필요한 일이다. 다양성을 잃으면 퇴보만이 있을 뿐이다. 생물의 생태계나 문화의 생태계나 언어의 생태계나 모두 마찬가지다. 건강한 언어들이 건강하게 어울려야 서로 발전한다.

한글 사랑이 국수주의이기는커녕 진정한 세계주의인 까닭이 바로 여기에 있다. 그러므로 한글 사회과학은 나라 안과 밖 모두에서 정치,

경제와 문화의 권력 구조를 민주화, 다원화하고자 한다. 권력을 지키고 싶어하는 사람들은 안과 밖에서 손잡고 언어 독재를 심화하려 하고 있다. 이에 대해 싸우는 것이 한글 사회과학의 한 책무이다.

5. 보통 쓰는 말로: 우리말과 한글

그러나 한글로만 한다고 되는 것은 아니다. 우리말로 해야 한다. 이 둘은 밀접하게 관련되지만 똑같은 것은 아니다. 우선 우리말이 무엇을 말하는지 살펴보자. 나는 여기서 학문 연구가 순수 우리말(토박이말)로 되어야 한다고 주장하지 않는다. 그것은 불가능하다. 대부분의 학문 개념들이 한자말이나 서양말로 되어 있기 때문이다.

그러나 한자말과 토박이말이 둘 다 있는 경우에는 토박이말을 우선 쓰자고 제안한다. 그것이 잘 안 될 때에는 한자말을 쓴다. 외국말과 한자말이 같이 있을 때는 한자말을 우선 쓰자. 정 그것이 안 될 때 외국말을 써야 할 것이다. 이미 확립된 외국말은 '외래어(들온말)'로 우리 말이 된 것이다. 라디오, 텔레비전 같은 것들이다. 이는 '외국어'와는 다른 것이다. 외국어로 된 학술 용어들은 거의 대부분 토박이말이나 한자말로 번역할 수 있다. 따라서 번역에 노력을 기울여야 한다.

가장 나쁜 경우는 우리 말이 있는데도 외국말을 더 즐겨 쓰는 경우이고, 심지어 더 좋은 우리말을 놔두고 나쁜 외국말을 쓰는 경우이다. '민간 기구', '시민 단체'와 같은 훌륭한 말이 있는데도 'NGO'에 학술 용어의 지위를 부여하는 시민운동가, 시민운동 연구자들의 경우가 한 보기이다.[17]

---

17) NGO는 '비정부기구'란 뜻이다. '비정부기구'는 '… 아닌 것'이란 뜻이니 이렇게 나쁜 학술용어가 있을 수 없다. 그런데다 이를 영어로 쓰고 있으니 겹으로 나쁘다. 그럼에도 이 말을 학술용어로 쓰고 '시민 단체'는 일상용어로만 쓰는 이유는 쓰는 이들에게 내재해 있는 '사대주의의 무의식' 때문이다. 그리고 이 사대주의의 무의식은 세계의 문화 권력이 미국에 쏠려 있기 때문에 생긴다.

그런데 우리말 사회과학은 또 한글 사회과학이어야 한다. 한자말이나 외국말도 한자나 영문자로 쓰지 말고 한글로 쓰자는 뜻이다. 그것은 첫째, 그럼으로써 한글이라는 글자 자체가 발전할 것이기 때문이요, 둘째, 그럼으로써 우리 말이 점점 더 '우리말'로 발전해 나갈 것이기 때문이다. 한자말이 우리말의 대부분을 차지한다는 주장이나 한자를 쓰지 않으면 뜻이 잘 통하지 않는다는 주장은 논리적으로 얼마든지 반박할 수 있지만, 실제로 지금 거의 모든 단행본과 신문, 잡지에서 한자를 거의 쓰지 않고 있다는 사실 자체가 그러한 주장이 들어설 자리를 잃게 했다.

따라서 자세한 반론의 필요를 느끼지 않지만, 한 가지만 간단히 말해 보자. 한자말을 한글로 써서 이 뜻인지 저 뜻인지 모를 경우는 실제로 거의 없다. 글자 한 자 한 자의 뜻이 아니라 문맥이나 뭉치 낱말로 파악하기 때문이다. 실제 쓰이는 동음이의어가 그렇게 많은 것도 아니다. 많다고 해도 영어보다 더 많은지도 연구해 봐야 한다. 한 예로 영어의 'sanction'은 '인가, 재가'의 뜻으로도 쓰이고, 정반대인 '제재, 규제'의 뜻으로도 쓰인다.

한자를 쓰지 않으면 한자말의 뜻이 잘 통하지 않는다는 주장은 영문자를 쓰지 않으면 서양말의 뜻이 잘 통하지 않는다는 주장과 연결된다. 이 주장을 내놓고 하는 사람은 아직 없지만 실제로 지금 우리의 글들에서는 한자보다 영문자가 더 많이 쓰이고 있다. 이런 현상의 밑바닥에는 식민지 지식인의 글쓰기 습관, 곧 '사대주의의 무의식'이 도사리고 있다. 영문자를 덧붙여야 표기나 표현이 완성된다는 느낌이 그것이다. 한글로는 부족하다는 인식이 한자의 경우와 마찬가지이다. 그러나 우리는 '케네디'를 'Kennedy'로 쓴다고 해서 케네디에 대해 조금도 더 알게 되지 않고, '위로부터의 혁명'을 'revolution from above'라고 쓴다고 해서 '위로부터의 혁명'에 대해 조금도 더 알게 되지 않는다. 어떻게 쓰든 알면 알고 모르면 모르는 것이다.[18]

한글로 써야 한자말 대신 순우리말을 발전시킬 수 있고 영문자를 쓰지 말아야 생각과 사고가 영어와 미국·서양에 종속되지 않을 수 있다. 생각을 한자말로만 하면 중국의 질서에서 벗어날 수 없고, 영어를 우선하면 미국의 질서에서 벗어날 수 없다. 우리말로 해야 세계 속에서 우리식 사고를 할 수 있고, 한글로 해야 아시아 속에서 우리식 사고를 할 수 있다.

학술 용어는 일상생활의 말과 될 수 있으면 가까워져야 한다. 할 수 없이 추상적인 개념어를 만들어야 할 때도 있지만, 그때라도 일반인들이 쓰는 보통 말에 바탕을 두는 것이 바람직하다. 학자들이 어려운 말을 쓰는 것에는 두 가지 종류가 있는데, 하나는 기술적인 전문 용어의 경우이고, 다른 하나는 외국어를 곁들여 쓸데없이 '멋있게' 쓰려고 하는 경우다.

앞의 경우 꼭 필요할 때도 있겠지만, 지나치면 안 된다. 뒤의 경우는 더 나쁘다. 학자가 읽어도 무슨 뜻인지 모를 낱말―주로 듣도 보도 못한 이상한 한자어나 외국어를 남발하는 경우인데, 이런 사람일수록 우리글을 제대로 쓰는 사람이 없다. 얼굴이 못나니 화장으로 가리려는 것인지…… 그러나 그 화장이 더 촌스러우니 보는 사람이 무안하다. 이상하고 '멋있는' 용어나 표현을 쓰려고 노력하지 말고 쉬운 우리말로 명확하게 자기 주장을 펴는 훈련을 쌓아야 한다.

인문학 종사자들, 특히 철학, 문학, 문화 분야 종사자들은 현학적인 수사나 외국말 남발, 그리고 쓸데없는 말놀이를 줄이고 더 일상적인 말로 아름다운 문장을 쓰는 훈련을 쌓아야 한다. 바깥으로의 열등감과 안으로의 우월감이 뒤섞인 묘한 복합심리를 극복해야 한다. 사회과학자들은 기본적으로 우리말과 글에 대한 관심을 더 가지고 글 쓰는 훈련을 더 해야 한다. 영어에 매달리는 콤플렉스를 극복해야 한다. 어려운 한자말이 아니라 쉬운 일상어를 자유로이 구사할 수 있어야

---

18) 외국 글자 표기의 시각적 효과를 말하는 사람도 있지만, 시각적 효과는 글꼴을 바꿈으로써 간단히 해결된다. 그래야 한글 글꼴도 발전한다.

제2장 | 한글 사회과학의 모색 69

한다.

좋은 글쓰기는 학문의 주체성 확보와 뗄 수 없다. 무엇보다 한글(국어) 사전이나 글쓰기 도움책과 친해져야 한다. 사전을 찾아보지 않는 사람은 우리말이 부족하다는 불평을 할 자격이 없다.

앞의 주장들을 요약하면 다음과 같다.

1) 우리말로 생각하고 한글로 쓰자. 학자들은 영어로 먼저 생각하고 우리말은 나중에 생각하거나 아예 생각해 보지도 않는 경우가 많다. 그래서는 안 된다.
2) 한자나 영문자는 꼭 필요한 경우에만 괄호 속에 넣어 쓰자. 개념이나 표현은 물론이고 사람 이름, 땅 이름, 단체 이름 등 고유명사들도 꼭 필요한 경우가 아니면 원어를 덧붙이지 말자.
3) 외국말 개념은 반드시 번역하고 이를 대체할 수 있는 우리말을 생각해 보자. 도움을 줄 책이나 사전을 옆에 두고 친해지자.

이와 같이 하면 시간이 지나면서 한글 개념이 점차 친숙해지고 우리말이 편안해진다. 그렇지 않고 외국 말에 몸과 마음을 맡기다 보면 그것이 더 친해지고 우리말과 한글을 쓰는 것이 오히려 어색하고 이를 주장하는 사람들은 무슨 운동권 사람처럼 보이는 불행한 일이 생기게 된다. 이미 그렇게 되었지만, 사태가 더 악화되는 것은 막아야 될 것 아닌가?

마. 결론: 각자 할 수 있는 만큼 시작하자

한글 사회과학은 사회과학의 정체성을 찾을 구체적인 방안에 관한 것이다. 그 방안은 요약해 말해, 우리 말**과 글로 사회과학을 하는 것**이다. 이것은 '우리 삶'을 '우리 눈'으로 이해하는 첫걸음이자 동시에 궁극적인 길이다.

물론 이 목표를 하루아침에 이루는 것은 불가능하다. 조금씩 조금씩 해 나갈 수밖에 없다. 이것은 생각하기에 따라 매우 쉬울 수도 있고 매우 어려울 수도 있다. 그런데 목표를 길게 잡고 조금씩 해 나간다면 매우 쉬운 일이 된다. 지적 사대주의는 권력의 문제라 타파하기 어렵지만, 달걀로 바위를 쳐도 바위는 깨진다. 우리에게 달걀은 무진장 많고, 알 낳을 닭들도 자꾸 태어난다. 이런 방식이 유일한 것은 아닐 것이다. 하지만 이러지 않고 우리가 어떻게 우리 학문을 할 수 있을 것인지, 어떻게 '우리 문제를 우리 눈으로' 해결할 수 있을 것인지, 다른 생각이 떠오르지 않는다.

우리 학문의 당위성을 밝히는 이론도 물론 필요하다. 조동일과 김영민, 조혜정이 이런 일을 했다. 그러나 구체적인 방안이 문제다. 환경보호의 철학과 이론을 개발하고 과학적으로 조사하고 분석하는 것도 중요하지만, 모두가 이론가가 되어서는 절대로 환경보호가 안 된다. 누군가는 집 앞의 쓰레기부터 줍고 담배꽁초 버리는 사람 야단치는 일부터 해야 한다.

"사소한 일에 목숨 걸어야" 한다. 우리말로 하고 한글로 쓰자는 것이 바로 그런 것이다. 각자가 할 수 있는 만큼 시작하여 할 수 있는 만큼 하자. 하다 보면 점점 더 많이 할 수 있게 된다. 한 보기로, 글쓴이의 글투는 한글 사랑의 중요성을 새삼 깨달은 몇 달 동안에 스스로 놀랄 만큼 달라졌다.

한글 옆에 영어 덧붙이지 않는 일은 담배꽁초 아무 데나 안 버리는 일만큼 쉽다. 또 그만큼 인식 전환이 필요한 일이기도 하다. 그러다 보면 언제부터인가는 아예 담배를 안 피우게 될 수도 있다. 욕구가 생겨 무언가 한글 식으로 한번 써 보게 된다. 더 지나다 보면 불현듯 깨달은 바가 있어 금연 운동에 나서게도 된다. 주체적인 한글 사회과학 논문을 시도해 보는 것이다. 작은 일의 시작은 큰 일로 이어질 수도 있고 그렇지 않을 수도 있다. 그렇지만 작은 일을 하지 않으면 결코 큰 일도 할 수 없다.

우리 학문의 당위성을 부정하는 사람은 또 달리 설득하거나 포기해야 하겠지만, 당위성을 인정하면서도 현실의 어려움을 들면서 회피하거나 방법을 찾지 못하는 사람들에게 당부하고 싶은 마지막 말은, 어느 코미디언이 한 말이다. 그가 '신지식인'이라고 정부가 지정한 것은 또 하나의 얄팍한 시장주의이긴 해도, 이 말만은 맞는 말이다─"못 하니까 안 하는 것이 아니라 안 하니까 못 하는 것이다!"

제3장

우리 정치학 실천의 방안:
문제와 국제정치학의 예

　앞에서 말했듯이 우리 정치학에 대한 모색은 아직도 서양 종속성에
대한 지적과 문제 제기의 수준을 크게 벗어나지 못하고 있다. 철학에
서는 우리말 학문의 구체적인 모색을 이미 시작하였고, 문학 쪽에서
도 한국적 시각에서 세계 문학사를 다시 쓰는 야심적인 작업을 보이
는데, 정치학에서는 이런 단계로까지 나아가지 못하고 있다.1)

　이 장에서 글쓴이는 상황이 왜 이런지를 분석해 보고, 뒤이어 우리
정치학을 구체적으로 모색하기 위한 기초 작업의 한 보기를 제시하고
자 한다.2)

---

1) 이기상 교수 중심으로 2001년 '우리말로 학문하는 모임'이 결성되어 반 년 간『사
　이』지를 내는 등 활발히 활동하고 있다. 같은 교수가 중심이 되어 편찬한 우리
　사상 연구소 편,『우리말 철학 사전』1, 2 (서울: 지식산업사, 2001, 2002)와
　조동일,『세계 문학사의 전개』(서울: 지식산업사, 2002)를 참조하시오.
2) 우리식 정치학에 이름을 붙이는 것이 쉽지 않다. '한국 정치학', '자아준거적 정치
　학' 등도 가능하다. 단 한국 정치학은 한국 정치를 연구하는 학문으로 오해될 수

가. 지금의 문제

한국의 정치학이 고유성을 갖지 못하고 서양, 특히 미국 정치학의 아류에 머물고 있다는 지적은 실상 벌써 30년 전에 본격적으로 나타 났다.3) 우리 나름대로의 독창적인 정치학을 이루어내어야 한다는 문 제의식도 같이 제기되었다. 실제로 그 뒤에도 같은 종류의 문제제기 가 끊임없이, 아니 잊을 만하면 한 번씩, 우수한 정치학자들에 의해 제기되었다.

그 효시는 문승익 교수다. 그는 이미 1975년에 우리 정치학의 미국 종속성을 비판하고 '자아준거적' 정치학 연구를 해야 한다고 주장하였 다.4) 이러한 문제 제기는 그 뒤 큰 뒷받침을 받지는 못하였지만, '한 국 정치학의 현황과 과제'라는 식으로 간단없이 나타났다. 그러다가

있다. 무난해 보이나 아무래도 우리의 뜻을 담기에는 부정확하거나 불충분한 느
낌을 준다. 자아준거적 정치학은 너무 한문투라 시대에 맞지 않고 한국의 주체성
이 두드러지지 않는다. 물론 이에 대해서는 다른 의견을 가진 분들이 있을 줄 안
다. 그 반면 우리 정치학은 기존의 학문적 어감과 별로 맞지 않는 단점이 있다.
다시 말해 별로 학문스럽지 못한 느낌을 준다. 그러나 다른 관점에서 보면 오히
려 우리 고유의 학문을 진작해야 한다는 취지에 더 맞는 용어라고 볼 수도 있다.
우리 정치학이라는 말이 가지는 또하나 문제는 지나치게 폐쇄적 또는 국수주의
적인 느낌을 줄 수 있다는 사실이다. '우리'라는 말을 우리는 너무 많이 쓰고 이
것이 개인주의의 부족과 대외적 개방성의 부족을 표상하는 것이 아닌가 하는 우
려를 낳고 있다. 이런 여러 문제점이 있지만 필자는 다른 두 용어보다는 우리 정
치학이라는 표현이 더 적당하다고 생각하여 이를 선택했다.
3) 1970년대의 청년문화론부터 시작하여 우리 지성계를 풍미한 여러 담론들, 곧 탈
근대주의-자유주의, 세계화, 민족주의, 생태주의, 여성주의 등등에서 같은 문제
점이 보인다. 우리의 현실과 동떨어진 곳에서 나온 이론들을 분별없이 우리 사회
에 적용하려는 시도의 문제점이다. 이런 현실은 비단 서구 이론에만 국한되지는
않는다. 종속이론, 관료적 권위주의론 등 제3세계 이론들의 도입에서도 마찬가
지 문제를 보였다.
4) 문승익, "자아준거적 정치학: 그 모색을 위한 제안," 『국제정치논총』 제13, 14
집, 1975; "한국 정치학 정립의 문제: 정치 이론의 경우," 『한국정치학회보』 제
13집, 1979. 모두 같은 저자의 『자아준거적 정치학의 모색』(서울: 오름, 1999)
에 실렸음.

특히 최근에 와서 한국 정치학의 서양 종속성에 대한 본격적인 분석
들이 나타났다. 강정인의 '서양중심주의 비판', 김명섭의 '국제정치학
의 제국주의적 성격 비판', 김웅진의 '방법론의 패권주의성 비판과 우
리말 정치학 제언', 홍성민의 '서양적 아비투스와 학술정치 비판', 김
석근의 '한국적 정치사상 제언' 등이다.5)

　이들의 분석은 한국정치학의 흐름에 대한 단순한 개관이 아니라 문
제의 소재를 적절히 파악하고 그것을 심도 있게 분석하였다는 점에서
문승익이 보인 초기 단계의 문제 제기를 더 깊고 기름지게 만든 값진
성과들이다. 최소한 이들은 지금의 한국 정치학이 어떤 문제점을 가
지고 있으며, 우리가 왜 우리 정치학을 해야 하는가에 대한 설득력 있
는 논의를 내놓았다는 점에서 높이 평가할 만하다.

　이와 더불어 국제 정치에 대한 우리 시각을 모색하는 본격적인 연
구도 하나 둘씩 나타나기 시작했다. 김용구 교수의 '외교사 연구'나 글
쓴이의 '세계화와 민족주의 연구'가 이에 해당한다고 볼 수 있다.6) 앞
으로 이런 문제의식의 연구 성과들이 많은 결실을 거둘 수 있기를 기
대한다.

　그러나 아직은 이런 업적들이 본격화되고 있지 못한 것이 현실이
다. 그래서 여전히 본질적인 문제가 남아 있다. 즉, 문제의 성격은 알
았는데, 거기에 대해 어떻게 할 것인가 하는 점이다. 필자가 여기서

---

5) 강정인, 『서구 중심주의를 넘어서』(서울: 아카넷, 2004); 김명섭, "제국 정치학
　과 국제 정치학: 한국적 국제 정치학을 위한 모색," 『세계정치연구』 제1권 1호,
　2001; 김웅진, 『신화와 성화: 과학방법론의 패권 정치』(서울: 전예원, 2001);
　홍성민, "한국 정치학의 정체성과 학자들의 아비투스," 한국정치학회 기획 학술
　회의, "21세기 한국 정치학의 쟁점과 과제" 발표 논문 (2000); 김석근, "주변부
　지식인의 허위의식과 자기 정체성," 한국정치학회 편, 『한국의 정치학: 현황과
　전망』(서울: 법문사, 1997); 정윤재, "'자아준거적 정치학'과 한국 정치사상 연
　구: 문제 해결적 접근의 탐색," 정윤재 외, 『한국 정치사상의 비교 연구』(성남:
　한국정신문화연구원, 1999).
6) 김용구, 『세계관 충돌과 한말 외교사, 1866-1882』(서울: 문학과 지성사, 20
　01); 김영명, 『우리 눈으로 본 세계화와 민족주의』(서울: 오름, 2002).

주목하는 것은 문제 제기가 있은 지 30년이 지난 지금도 왜 우리 정치학의 성과가 제대로 나타나고 있지 못한가 하는 점이다.

위에 든 사람들의 문제 제기를 종합하면 다음과 같은 주장으로 요약된다. "지금 우리의 정치학은 지나치게 서구 특히 미국의 정치학에 빠져 있다. 서구적 문제의식에 서구적 방법과 서구적 용어들로 되어 있다. 우리 고유의 문제의식을 드러내지 못하고 우리 고유의 개념, 이론, 방법론을 개발하지 못했다. 이는 서구 학문의 제국주의성뿐 아니라 국내 학계의 서구 추종적 패권성과 폐쇄성 때문이다. 이를 탈피하여 우리의 독창적인 정치학을 일궈내야 한다."

그러면서 이들은 이러한 문제점들을 깊게 천착하기 위해 노력한다. 그러나 맨 마지막 논점, 곧 "우리의 독창적인 정치학을 일궈내야 한다"는 점에 와서는 선언적인 결론에 머물러 버린다. 다시 말해 논의가 한 단계 더, 더 실천적인 방향으로 전개되지 못하고 그 직전에서 끊어져 버린다는 사실이다.

그러면 왜 그럴까? 몇 가지 이유가 있을 수 있겠다.

첫째, 기존 정치학의 패권적 지배가 너무 커서[7] 그 속에서 활동하고 입신해야 하는 학자들로서 감히 '범법 과학'[8]을 추구하는 이단아가 되는 것이 부담스럽다. 심리적으로도 그렇지만 물리적으로도 기존 학계나 대학의 이런저런 일상사들이 마음과 몸의 여유를 주지 않는다. 생각은 있고 사명감도 있지만, 실제로 기존의 틀을 깨고 나오기가 쉽지 않다.

둘째, 기존 학문의 틀이 너무나 완강하고 잘 짜여져 있다. 그 속에서는 수많은 오류나 문제들을 발견하고 이에 대해 토의할 수 있겠지만, 바깥에서 이를 통째로 부정하고 새로운 학문 체계를 열겠다는 것

---

7) 홍성민, 앞의 글, 참조.
8) 김웅진, 앞의 책, 제2장. 김웅진은 서구 방법론의 보편타당성을 부인한다. 특정 사회의 폐쇄적 과학 이데올로기를 반영할 뿐이라는 것이다. 이는 홍성민의 견해와 통한다.

이 엄두가 안 난다. 이런 상황에서 김웅진은 "'우리말 방법론'의 정립 가능성은 대단히 희박하다"고 우려했다.9) 그러면 포기하는 것이 낫지 않겠는가? 아니다. 그것이 불가능에 가깝다고 여겨지면 가능한 길을 찾으면 된다. 철옹성을 공략하려고 하지 말고 약한 고리를 치는 것이다. 그리고 그 성 자체를 통째로 삼키려 해서는 안 된다. 어차피 타도의 대상이 아니라 공존의 대상이다. 반미주의자가 미국이 아무리 미워도 미국을 멸망시키고 우리가 세계를 제패할 꿈을 꾸지 말아야 하는 것과 마찬가지 이치다. 해야 할 것은 미국의 존재를 인정하고 되도록 대등한 관계를 만들기 위해 노력하는 일이다. 다시 말해, 미국과 서양의 정치학을 몽땅 대체하는 새로운 한국 정치학을 만들려고 하지 말아야 한다는 말이다. 이것은 그야말로 불가능할 뿐 아니라 학문 발전을 위해 반드시 바람직하지도 않기 때문이다. 그보다는 선진 정치학의 보편적인 부분을 받아들이되, 우리 고유의 문제와 방법과 이론을 개발하기 위해 노력하는 것이 더 낫다. 이를 위해 서양 학문을 때로는 이용하고 때로는 배척해야 할 것이다. 더 정확히 말하면, 서양 학문의 어느 부분은 수용·이용하고, 다른 부분은 우리 것으로 대체해야 한다는 말이다. 이에 대한 자세한 논의는 다른 기회로 돌린다.10)

셋째, 위의 사정과 관련되는 것으로, 서양·미국의 정치학 발전이나 세련화의 정도가 너무 높아 우리가 과연 이런 정도의 독자적 학문을 이룰 수 있을까 의문을 가질 수 있다. 이러한 의문이 우리 정치학 시도의 기를 꺾는 주요 요인이 될 수 있다. 그러나 이 의문도 잘못된 의문이다. 우리는 단시일 안에 미국 정치학의 수준에 도달하는 우리 정치학을 만들 수 없다. 이를 인정하고 들어가야 한다. 만약 우리 정치학을 정말로 시작하고자 하는 사람이 있으면 그 사람은 기존 (한국)

---

9) 김웅진, 앞의 책, 150쪽.
10) 김영명, 앞의 책에서 어느 정도 다루어진다.

학계의 온갖 비웃음을 감수할 각오를 해야 한다. 그들의(아니 그들이 추종하는 미국의) 높은 학문적 수준으로 보면, 처음 시작하는 우리 정치학은 허점 투성이의 원시적 가공물일 수도 있다. 그런데, 그것이 부끄러운 일인가? 결코 그렇지 않다. 그들이 비웃으면 우리는 그들의 의존성과 모방성을 같이 비웃어 주면 된다.

　학문의 수준은 정교함, 엄밀성, 세련화의 정도에만 있는 것이 아니다. 여기에는 독창성과 현실적합성(적실성)도 있다. 이에 대해서는 제2장에서 이미 밝혔다. 지금 당장 우리가 독창성과 주체성, 적실성에 중점을 두면 엄밀성과 세련성이 내려갈 수밖에 없다. 남들이 다 깎아준 장검의 날을 가는 일과 내가 손수 내 도끼를 만드는 일 중 어느 것이 더 세련되게 비치겠는가? 전자이다. 그러나 그렇다고 우리가 좋은 옷 차려입고 남의 칼에 금박 입히는 일만 하고 있을 수는 없다. 무명적삼 걸치고 또는 헤진 예비군복 입고 제 칼 만들겠다고 끙끙대는 것도 보람 있지 않은가? 그러다 보면 우리도 언젠가는 우리의 번쩍번쩍한 금 손잡이 칼을 만들 수도 있게 된다. 그렇게 되지 않을 수도 있겠지만, 확률은 있다. 아예 시작하지 않으면 확률은 0이다.

　넷째, 필자가 느끼는 한 중요한 문제를 말하고 싶다. 우리 정치학을 주장하는 사람들마저 어떤 면에서는 서양 정치학의 마법에서 탈출하지 못한 것이 아닌가 하는 의심이다. 다시 말해, 이들은 우리 정치학을 주장하면서도 학문성과의 기준을 서양 학문에다 두고 서양적인 언어를 통해 이를 주장하고 있는 것이 아닌가 하는 점이다.11) 좀더 일반적으로 말하면, 어떤 면에서 이는 서양적 지성주의를 반영하고 있는 듯하다. 이들의 글들을 보면서 그런 느낌을 받는다. 우선 이들의 글은 상당히 어렵다. 물론 그 뜻을 이해하지 못할 정도로 어려운 것은 아니지만, 읽는 것이 그렇게 편하지만은 않다. 그러면 왜 이들의 글이

---

11) 서구 이론에 대한 동양적 대안을 추구하는 사람들, 특히 동양·한국 사상 전공자들은 반대로 지나치게 한문 지향적인 경향을 보인다. 방향은 다르지만 '종속성'이란 점에서는 크게 다르지 않다는 것이 필자의 생각이다.

어려울까? 한 가지는 글의 내용이 상당히 철학적 또는 과학철학적이어서 그렇다고 볼 수 있다. 이런 점에서는 글의 성격상 어쩔 수 없는 부분이 있다.

그런데 그것만이 아니지 않은가 하는 것이 내 의심이다. 이들 역시 서양적 시각을 비판하면서도 자신이 거기에서 완전히 빠져 나오지 못한 결과, 서양 지성의 틀 속에서 논의를 전개하고 있는 것처럼 보인다. 이들은 우리 학문을 주장하면서도 서양 학문의 높은 성취에서 낙오하지 않았다는 점을 증명하고 싶은 것이다. 그러다 보니 서양 학문의 지배를 공격하면서도 사실은 거기서 벗어나지 못하고, 국내 학계의 대외의존성, 주류 패권성을 비판하면서도 이를 타개할 적극적인 방안 모색에는 주저하게 된다. 결국 우리 정치학을 얘기하는 사람들 자신이 미국 정치학의 기준, 방법, 분위기, 신조를 벗어나지 못하고, 교묘한 말로 농간하기를 즐기는 일종의 지적 허영에 빠져 있다고도 할 수 있다.

어쨌든 우리 정치학은, 미국 정치학이 그랬던 것처럼, 초보 단계를 거쳐야 한다. 이를 겁내고 미국 또는 학문 선진국의 기성 학문 수준을 흉내내려고 하면 곤란하다. 이 자체가 서구 종속성을 드러내는 것일 수 있다. 그래서 우리 정치학의 필요성을 인정하는 사람이라면 '우리 눈으로 우리 문제를 보는' 초보적인 시론부터 시작하여야 한다. 미국 정치학을 기준으로 놓고 이 수준에 이르는 '세련된' 정치 분석을 '우리식'으로 하겠다는 것은 우물가에서 숭늉 찾는 꼴이다.

나. 실천의 방안

여기서 글쓴이는 우리 정치학의 원시적 출발을 제안한다. '원시적'이라는 말에 주목하기 바란다. 우리가 미국 정치학의 세련성을 염두에 두고서는 우리 정치학을 시작할 수 없다는 것이 필자의 판단이다.

시작은 초라할 수 있다. 그러나 그 초라한 시작을 누군가는 해야 한다. 물꼬를 터야 한다는 말이다.

지금 시작하는 사람들은 땅을 파고 기초공사를 하는 사람들이다. 뒤에 후배들이 바닥을 다지고 대들보를 올리고 기둥을 세운다. 그리고 그 다음 세대가 지붕을 얹고 방수공사를 하고 내장재를 붙인다. 또 그 다음 세대가 아름다운 실내장식을 하고 고급 대리석을 깐다. 능력이 안 되면 소박한 실내 장식으로 만족할 수도 있겠다.

미국 정치학도 처음에는 소박했다. 그러면서 자신의 문제를 해결하기 위한 많은 노력 끝에, 때로는 정치 현실이, 때로는 이론과 방법론 자체가 정치학이라는 학문의 성장을 촉진시켰다. 우리도 그렇게 해야 한다. 우리에게는 오히려 후발국으로서, 앞선 미국·서구 정치학의 성과를 이용할 이점이 있다.

그런데, 우리 학문을 한다는 것은 무엇을 말하는가? 그것은 구체적으로 1)우리의 문제(우리 삶)를, 2)우리의 눈(시각, 관점)으로, 3)우리의 말과 글로 연구한다는 것을 뜻한다. 필자는 지금까지 우리 문제를 우리 눈으로 보기 위한 방법의 하나로 우리 말글로 학문하기를 주장해 왔다. 그런데, 이것은 제2장에서 밝힌 대로 가장 초보적일 수 있으면서 동시에 가장 어려운 일이기도 하다.12)

외국말과 글을 안 섞어 쓰는 것은 마음만 먹으면 쉽지만(마음먹기가 어렵기는 하다), 고유한 우리말 개념을 개발하고 이를 중심으로 학문하는 것은 매우 어렵기 때문이다. 이 단계가 성취되면 우리 고유의 학문과 세계관이 확립되는 것인데, 이는 사실상 불가능에 가까운 일임을 스스로 인정한다. 그러나 동시에 이 목표에 최대한 다가가기 위해 노력해야 함도 강조한다.

이보다 더 실현가능한 방법은 '우리 시각'으로 '우리 문제'를 연구하는 것인데, 이는 우리 말과 글로 하는 학문의 쉬운 판과 어려운 판의

---

12) 김영명, 앞의 글들 참조.

중간에 있는 목표라고 할 수 있다. 우리 눈(시각)으로 보자는 것과 우리 문제를 설정하고 해결하자는 것은 분석상 별개이긴 하나 실제로는 떨어져 존재할 수 없다. 이 글에서 필자는 우리 정치학의 고유한 문제와 시각을 탐구하는 한 예를 국제정치학 분야를 중심으로 제시하고자 한다.

다. 국제정치 연구의 현황

국제정치 분야야말로 강대국의 패권적 성격이 두드러지는 학문 분야다. 지금의 지역 연구와 국제정치학은 특히 영국·미국의 세계 지배를 위해 개발된 학문 분야다.13) 국제정치학을 미국 중심의 강대국이 주도하는 것은 자연스럽다. 세계를 제패하기 위해 세계를 연구하지 않을 수 없기 때문이다. 강대국에서 나온 것인 만큼 지금의 국제정치학은 전적으로 강대국 중심적이다.14) 약소국 시각을 반영한 국제정치학은 한마디로 '없다'고 해도 지나치지 않다.15)

그러나 이는 기존의 주류 국제정치학과 같이 세계체제 전체를 아우르는 거시 이론으로서의 국제정치학을 말할 때이지, 부분적인 이론으로서는 상당한 연구 업적이 있다고 할 수 있다. 예를 들어 종속이론은 일차적으로 국제정치학 이론이라기보다는 종속 지역의 저발전에 관한 이론이지만, 여기에는 국제정치경제의 구조에 대한 분석이 전제되어 있다. 탈(반)식민 이론들 역시 (탈)식민 사회에 관한 이론이지만, 이

---

13) 김명섭, 위의 글.

14) 최근의 우수한 교과서인 John Baylis and Steve Smith, ed., *The Globali-zation of World Politics: An Introduction to International Relations*, 2nd ed. (Oxford: Oxford University Press, 2001)를 참조하시오.

15) 약소국의 문제를 일반적으로 다룬 거의 유일한 책으로 Michael I. Handel, *Weak States in the International System* (Totowa, NJ: Frank Cass, 1981)이 있다. 이 외 약소국이나 중간국에 대한 논의들이 조금씩 존재할 뿐이다.

또한 특정한 국제정치경제적인 관점에 서 있다. 이런 이론들은 약소국 또는 주변부에서 나온 이론들이기 때문에 불가피하게 기존의 국제체제에 대해 비판적이다. 따라서 주류 국제정치학과는 이념을 달리하고, 주류 국제정치학의 인정을 제대로 받지 못한다.

한국의 국제정치학은 거의 전적으로 미국의 국제정치학을 옮기고 있으며, 여기에 한국의 경우를 덧붙일 뿐이다.16) 미국 국제정치학의 최신판을 소개하는 것을 여전히 학문적 성취의 척도로 삼는 경향이 강하다. 미국의 국제정치학은 국제정치체제 전체에 대한 이론과 국가이든 비국가이든 정치 행위자들 사이의 관계에 관한 이론으로 이루어져 있다.

이 두 가지 주요 영역에 관한 수많은 이론들이 경쟁하면서 발전해 왔다. 그러나 그 경쟁의 복잡한 과정이 어떠하든 간에 이들은 모두 미국이라는 국가의 이익을 반영하거나 미국인들의 가치관이나 관심사를 반영하고 있다. 보수적이든 급진적이든 전통적이든 탈근대적이든, 이들 모두가 미국 (또는 경우에 따라 영국과 유럽 나라들) ─그 국가와 시민의 이익이나 관심을 반영하고 있음은 지극히 당연하다. 그것은 무엇보다도 강대국, 또는 초강대국 (그리고 그 국민)으로서의 이익과 관심사이다. 그렇기 때문에 약소국, 중간국, 주변국, 후진국, 중진국의 이익과 관심사에 무심할 수밖에 없다.

한국의 국제정치학자들은 한국의 특수한 상황, 즉 분단 상황과 한미 동맹의 하위 파트너로서의 지위에 관심을 기울이고 이런 점에서 많은 연구를 해 왔다. 그러니 '한국 문제'에 관한 관심이 일차적인 것이 사실이다.

그러나 그러한 관심이 얼마나 한국적인 '시각'의 연구로 결실을 맺었는지는 의문이다. 이런 관심이 있다고 해도 그것은 세부적인 문제

---

16) 국내의 대표적인 국제정치학 교과서로는 이상우, 하영선 편, 『현대 국제정치학』 (서울: 나남 출판, 2000).

들에 대한, 많은 경우 비학술적 또는 준학술적인 논의에 그쳤다고 할 수 있다.

라. 한국 국제정치학의 출발점:
주변부 시각에서 출발, 한국의 특수성으로 심화

한국 국제정치학은 세계정치에서의 한국의 위치를 확인하는 데서 출발해야 한다. 한국은 세계체제에서 주변부 또는 약소국으로 규정될 수 있다. 이 둘은 편의에 따라 교차 사용할 수 있다. 한국을 더 세밀하게 본다면 준주변부, 중간국 등으로 규정할 수 있다. 그러나 우리의 목적으로 볼 때, 어느 쪽으로 규정하든지 크게 달라질 것은 없을 것이다.

지금까지의 국제정치학이 중심부에서 본 것이었다면, 한국 국제정치학은 주변부에서 본 세계정치 연구가 될 것이다. 지금까지의 중심-주변부 구분은 종속이론, 권역 이론, 세계체제론 등에서 나왔다. 그러나 반드시 이들의 이론적, 사상적 기반을 따를 필요는 없다. 같은 중심-주변부론이라도 그 이념적 기반은 현실주의, 마르크스주의 등으로 다양할 수 있다. 주변부 이론의 이념적 기반도 이렇게 다양할 수 있다. 단지 마르크스주의 또는 급진 이론이 주변부 이론에 가까운 관심을 더 보인 것이 사실이다.

그런데 한국 국제정치학은 주변부 시각을 가져야 할 뿐 아니라 한국의 특수한 문제에 관심을 가질 수밖에 없다. 특히 분단-냉전 상황의 문제, 강대국에 둘러싸인 지정학적 위치, 선진국의 문턱에 들어선 준주변부 중간국의 위치 등을 말한다. 이런 위치에 있는 한국의 국제정치학이 어떤 시각으로 어떤 쟁점들을 어떻게 다룰 것인지 거친 밑그림을 그려보기로 한다. 각각의 쟁점에 대해 한국적 시각의 전문적인 연구 결과가 나오기를 기대한다.

마. 주변부 시각의 기본 전제

국제정치학에는 세계 전체의 구조를 보는 강대국 국제정치론 외에 약소국의 입장에서 약소국과 강대국과의 관계, 약소국과 약소국과의 관계를 파악하는 약소국 국제정치론이 필요하다. 세계 정치의 구조는 강대국끼리의 힘의 각축으로 이루어져 있다. 여기에 유력한 비국가 행위자들이 끼어든다. 그러나 이들 비국가 행위자들 역시 대부분 강대국에서 유래한다.

그 결과 기존의 국제정치론은 강대국 중심의 시각이고, 강대국 사이의 문제에 초점을 맞추었다. 주변부의 문제는 강대국의 안보나 이익에 큰 영향을 안 주므로 거의 무시했다. 세계 정치의 구조에 약소국은 행위자로 들어가 있지 않다. 이 구조 속에서 약소국이 어떻게 살아남느냐 하는 문제는 조금 다루었으나, 약소국-주변부의 입장에서 세계 정치 전체를 본 것은 없다. 약소국의 입장에서 보면 세계 정치는 **강대국들이 세력다툼하는 과정에서 약소국을 압박, 침탈 또는 지원하는 것**이다.

따라서 약소국 국제정치론은 약소국과 강대국의 관계, 그 구조, 그 변화, 이들 사이에서의 생존과 발전 전략, 또 약소국 사이의 관계에 초점을 맞추어야 한다. 세계 정치는 강대국들 사이의 관계가 지배하고 주변부-중심부 관계와 주변부-주변부 관계는 종속적이거나 주변적이다. 그러나 주변부에게는 이 부분들이 매우 중요하다. 강대국끼리 벌어지는 힘의 각축과 그로 인한 국제정치 구조의 변화는 부차적인 관심의 대상이고, 이에 대해서는 강대국 국제정치론의 성과를 이용하면 된다.

바. 문제 영역

1. 국제정치의 구조

기존 국제정치학에서 제시하는 양극 체제, 다극 체제 등 세계체제의 구분은 강대국 위주의 구분이다. 이런 일반적 시각을 바탕으로 하되, 약소국과 강대국의 관계를 중심으로 다시 개념화할 필요가 있다. 이렇게 되면 양극 체제는 '동서 동맹체제'로, 다극 체제는 '다양한 협조-대립 체제'로 다시 개념화할 수 있다. 또, 세계화는 '서양화/미국화'로, 세계자본주의 체제는 '자본주의 지배 체제' 등으로 바꾸어 인식하게 된다.

2. 세계 정치의 변화와 주변부의 위치, 쟁점, 전략

냉전: 냉전 시대에는 주변부 국가들이 동서 두 진영에의 편입을 강요받았다. 특히 미-소 양국에 인접한 동유럽과 중남미 지역은 각 패권국의 영향권에서 벗어날 수 없었다. 또 동서 진영들이 직접 만나는 지역이나 이념적 분쟁 지역에서는 각 진영의 보루로서 군사적 대결이 첨예하였다. 이들 지역 역시 미국과 소련의 영향권을 벗어나기 힘들었다. 한반도가 대표적인 경우이다. 중동 지역이나 아프리카에서는 진영 간의 각축이 있었지만 대체로 미국 중심의 서방권에 속하였다. 이러한 두 진영에의 편입을 거부하고 독자적인 노선을 모색한 것이 아시아-아프리카의 비동맹 중립 운동이었는데, 인도, 인도네시아 등으로 대표되는 이들 나라들은 위의 지정학적 조건에서 비교적 자유로운 곳에 있었다.

탈냉전: 소련과 동유럽의 공산주의가 붕괴하고 세계는 자본주의 지배체제로 변하였다. 미국과 소련이 각축하던 양극 체제가 미국의 일방적 패권 체제로 변하고 이에 중국과 유럽이 정치적, 경제적으로

도전하는 시대가 도래하였다. 냉전의 균형이 무너지고 이데올로기의 대립이 사라지자, 미국은 대태러 전쟁을 빌미로 세계 각 지역에 개입하여 자신의 이익을 관철하기에 이르렀다. 제3세계의 비동맹 운동도 의미가 사라지고, 이 나라들은 미국-서구의 동맹체제에 참여하느냐 독자적인 노선을 걷느냐 하는 기로에 서게 되었다. 독자 노선을 추구하는 나라들은 테러국으로 지목될 가능성이 크고 그렇지 않더라도 미국의 직·간접적 규제에 직면하게 되었다. 이라크가 앞의 경우에 속하고 북한과 쿠바가 뒤의 경우에서 대표적이다. 주변부 국가들이 독자 노선을 추구하기는 냉전 시대보다 더 어렵게 되었다. 미국의 패권 확장과 내정 간섭, 그리고 경우에 따라 일어날 수 있는 직접 침략에 어떻게 대처하느냐가 주요 관심사가 되었다.

세계화 : 세계화는 궁극적으로 '초국적' 자본(그러나 실제로는 강대국 자본)의 세계적 팽창을 일컫는다. 이와 더불어 서양적 특히 미국적 가치, 문화, 제도들의 세계적 팽창을 포함한다. 세계화의 동력은 선진국 자본, 특히 금융자본의 전지구적 팽창력이며, 또 이를 뒷받침하는 미국 정부의 적극적인 대외 팽창력이다. 주변부들은 이러한 자본과 문물의 침투를 강요당한다. 이에 호응하지 않으면 세계적 발전에서 뒤처지고 이에 호응하면 민족이나 국가의 정체성이 약화되는 난관에 봉착해 있다. 대체로 세계화의 긍정적인 면을 강조하는 이데올로기가 확산되어 주변부 엘리트들도 이에 적극 호응한다. 그 결과 세계 경제와 문화는 점점 '일체화'되어 가며, 국내외의 빈부 격차가 증가하고, 신자유주의 경제 논리의 확장으로 지구환경이 훼손되어 간다. 중심부와 주변부의 힘의 격차도 점점 확대되어 간다.

정보화 : 정보화의 확대는 세계를 점점 더 좁게 만든다. 세계화의 한 중요한 기술적 측면이 정보화이다. 정보화를 통해 세계화가 심화되는 점에서 정보화는 세계화가 가진 장단점을 공유한다. 그러나 동시에 정보화 고유의 문제들도 존재한다. 정보를 온 세상 사람들이 쉽게 공유할 수 있어 불평등의 감소에 기여하고, 시민들의 적극적인 정

치경제적 참여를 쉽게 하는 반면, 정보 격차 때문에 오는 권력과 부의 집중 현상이 새로운 문젯거리로 대두된다. 또 개인 정보의 유출에 따른 권력의 개인에 대한 감시 문제도 대두된다. 이러한 상황이 주변부 국가와 주민들의 위상에 어떤 변화를 가져올지가 탐구의 대상이다.

비국가 행위자들의 대두: 비국가 행위자들의 힘과 세계 정치에의 참여는 점점 더 커진다. 이는 세계화와 정보화의 진전과 더불어 급격히 강화되었다. 우선 초국적 기업들이 각국 정부의 정책 결정과 세계 정치경제에서 작용하는 영향력이 매우 커졌다. 국제금융기구들의 역할도 마찬가지다. 또 유럽연합 등 초국가 정치기구들이 국민국가의 역할을 대치하는 경우도 많아졌다. 국가 안에서의 지방화의 진전 또한 국가의 역할을 축소시킨다. 국가를 넘어서 각 나라들의 지방들을 연결하는 '지방세계화'도 증가한다. 여러 종류의 국내외적 시민단체들, 민간기구들의 역할도 증대한다. 국가를 초월하는 시민들 간의 연대가 점점 더 큰 구실을 하고 있다. 이런 모든 측면에서 일어나는 비국가 행위자들의 역할 증대에 대해서는 의견이 구구하다.

그러나 세계화 시대라고 하더라도 국민국가의 역할이 사라지리라고 생각할 수는 없을 뿐더러 그것은 단일 행위자로서는 여전히 가장 강력하고 중요한 역할을 행사한다. 이런 상황이 주변부에는 어떤 영향을 미칠까? 초국적 기업들과 금융 기구들의 세력 확장은 주변부 국가들의 경제 정책의 자율성을 줄이고 대외 종속을 심화시킬 가능성이 크다. 그러나, 다른 한편 국민 국가로 세계가 구획되었을 때보다는 행동의 범위가 넓어진다고 볼 수 있다. 다양한 행위자들의 다양한 관계가 중요해질 때 국가의 능력 위주로 짜여지는 세계 정치의 지도와 행동 범위보다는 숨쉴 공간이 넓어지기 때문이다. 주변부 행위자들에게는 이런 공간을 다양하게 활용해야 하는 숙제가 있다.

3. 주변국들의 생존과 소멸 또는 발전에 관한 비교역사적 연구의 필요성

우리로서는 매우 중요한 문제이지만, 강대국 국제정치론에는 이 분야가 없다. 주변부 국제정치학의 몫이다. 한국 국제정치학에서 이를 담당하여 한국의 생존과 발전, 국제적 위상의 제고 방안을 모색해야 한다.

4. 주변부의 생존과 이익 추구를 위한 전략: 주변부에 특수한 영역들

자립: 약소국이 강대국과의 동맹이나 긴밀한 협력 관계를 가지지 않고 독자적인 발전 노선을 채택하는 경우다. 그러나 현실적으로 약소국의 빈약한 자원과 자본, 뒤떨어진 사회적 조건 때문에 성공하기 힘들다. 특히 강대국이 현실적 이해를 가지는 경우 다양한 방법으로 간섭하기 때문에 장기적인 성공의 가능성이 희박하다. 강대국들의 각축 속에서 어느 한쪽에 완전히 기울어지지 않고 적당한 지원을 얻어내면 약간의 성공을 거둘 수 있다.

중립: 강대국들이 각축전을 벌일 때 어느 한 쪽에도 가담하지 않음으로써 각각에서 이익을 얻어내려는 전략이다. 문제는 강대국들의 불신과 분노로 공격을 초래할 수 있다는 사실이다. 따라서 자위력이나 강대국들의 집단적 보장 또는 약소국들의 집단 행동이 뒷받침되지 않는 중립은 유지하기 힘들다.

동맹: 동맹은 중립의 반대다. 약소국의 경우 동맹의 상대자를 자유로이 선택하는 것은 불가능하다. 대개 강대국의 압력이나 영향 아래에서 선택의 여지없이 동맹을 맺게 된다. 남한이 미국과, 북한이 소련과 동맹을 맺은 것은 선택의 여지가 없었다. 단지 언제 어떻게 맺을 것이냐에 대해서는 융통성이 있을 수 있다. 약소국과 강대국이 맺는

동맹은 불균등한 것이다. 국방을 강대국에게 의지하고 그 대신 주권의 약화를 감수하여야 한다. 그 손익계산을 잘 하는 것이 약소국이 할 일이다.

고슴도치, 벼랑 끝 외교, 핵무장: 전체적인 군사력이나 국력으로 강대국의 상대가 되지 않는 약소국이 자신을 보호하기 위해 핵무장을 하거나 이와 비슷한 협박을 통해 자신을 방어하고자 하는 전략이다. 북한의 최근 전략이 이에 속하는데, 핵무장은 현실적으로 불가능하고 협박은 그 약효가 지속되기 힘들다는 데 고민이 있다.

다자 외교: 어느 한 국가에 일방적으로 기대지 않고 여러 강대국이나 지역들과 외교의 범위와 종류를 넓힘으로써 다양한 이익을 추구하자는 전략이다. 그러나 핵심 상위 동맹국이 있을 경우 이것이 쉽지 않고, 그 상위 동맹국의 응징이 따를 수 있다는 데 어려움이 있다. 그러나 약소국들은 기본적으로 다자 외교를 통해 활동 공간을 넓히도록 노력할 필요가 있다.

주변국끼리의 연대: 위에서 본 비동맹 외교나 동남아의 아세안과 같은 지역 협력 기구들을 통하여 주변국들의 이익을 도모할 수 있다. 강대국의 일방적인 요구에 굴하지 않고 약소국의 집단 행동으로 협상의 지위를 향상시킬 수 있다.

사대주의: 강대국, 특히 식민 모국이나 이전 점령국과의 지배-복종 관계 또는 후원-피후원 관계를 통하여 약소국의 이익을 도모할 수 있다. 그 경우 물질적 이익을 추구할 수 있지만 정치·경제·문화적 예속과 국내 불평등 구조의 정착을 초래한다.

전쟁: 강대국뿐 아니라 약소국에게도 전쟁은 국가 이익 추구의 한 방법이다. 약소국끼리의 전쟁, 좀더 강한 약소국이 더 약한 소국을 침공하는 사례들을 종종 볼 수 있다. 이런 경우 강대국이 직·간접적으로 개입할 수도 있다.

지역 협력-지역 통합: 위 '주변국끼리의 연대'와 비슷하나 좀더 제도적이고 공식적이다. 아세안의 경우가 대표적이다. 또 지역 협력이나 통합은 반드시 주변국 사이가 아니라 중심과 주변 사이에서도 일어날 수 있다. 북미무역협정이나 종종 거론되는 동북아시아 경제협력체제 구상이 이에 해당한다.

국제기구, 국제법 활용 : 힘이 지배하는 사회에서는 힘이 약한 쪽이 손해를 보게 되어 있다. 따라서 약소국은 국제사회에서 힘의 지배를 되도록 줄이고 법과 도덕의 구실을 더 높이도록 노력할 필요가 있다. 그러나 국제기구나 국제법을 강대국이 좌우하거나 그들의 이익에 위배될 때 무시하는 경우가 많다. 여기에 이 장치들의 한계가 있다. 그러나 그렇다고 하더라도 국제연합이나 그 산하 유네스코, 도쿄환경협약 등 여러 제도들을 볼 때 강대국에게 상당한 제약으로 작용하는 것도 사실이다.

5. 보편적 영역에 대한 주변부적 시각

위 항에서 다룬 문제 영역들은 주변부에 독특한 문제들이라 강대국 국제정치론에서 찾기 힘든 것들이었다. 이 밖에 강대국 국제정치론이 자주 다루는 쟁점들을 주변부 시각에서 다시 볼 필요가 있다.

핵 확산 : 핵 확산의 방지는 인류 전체의 과제다. 그러나 여기에 중요한 문제들이 제기된다. 우선, 핵 확산 방지는 핵 폐기와 다르다. 핵 위험을 진정으로 없애기 위해서는 지구상의 모든 핵을 폐기해야 한다. 그러나 그것은 현실적으로 불가능하다. 따라서 핵무기의 축소와 핵 확산 방지를 위해 노력해야 한다. 핵 보유국의 축소 노력은 두드러지지 않는다. 오히려 확산 방지에 관심을 기울이는데, 이는 근본적으로 기득권 나라의 이기주의를 반영한다. 이미 가진 나라들의 핵을 축소하지 않고 보유 가능국의 보유를 막으려는 강대국들의 합의다. 그들의 노력이 정당성을 가지려면 최소한 그들 자신이 핵을 완전 동결하거나 감축해야 한다. 그렇지 않으면 다른 나라들의 핵무기 개발을 비난하거나 심지어 직접 공격할 명분이 없다. 만약 그렇게 한다면 강

대국의 힘의 행사 외에 아무 것도 아니다. 따라서 주변국들은 핵 보유
국에게 이 문제를 계속 제기하여 핵무기 축소의 목표와 협상 과정에
유리한 조건을 따내어야 한다.

　환경 규제: 환경 규제도 마찬가지다. 지금껏 세계의 환경을 가장
파괴한 나라는 미국이다. 다음을 아마 소련과 중국이 이을 것이다. 선
진국들은 환경을 마음껏 파괴해 놓고 더 이상의 파괴가 인류의 생존
에 위협이 되게 되자 후진국들에게 환경 규제를 강요하고 있다. 선진
국들이 환경 규제를 후진국에게 강요하려면 지금껏 자신들이 자행한
환경 파괴에 대한 '벌금'을 물어야 한다. 환경 부담금을 후진국들보다
훨씬 더 많이 물어야 할 뿐 아니라 후진국의 산업에 심대한 위협을 가
할 수 있는 환경 규제의 비용을 일부 충당해 주어야 한다. 주변국들은
중심국들에게 이런 요구를 내놓고 협상을 이끌어야 한다.

　자유주의와 보호주의: 세계 무역이나 기타 경제 관계의 경우도 마
찬가지다. 앞선 경제구조를 가진 나라에서는 자유무역을 통하여 이득
을 보지만, 그렇지 않은 경우 국가 산업의 발전을 보기 힘들다. 선진
국이 자유무역을 주장하려면 우선 자신들부터 이를 지켜야 한다. 자
유무역을 가장 강하게 주장하는 미국이 가장 발달된 경제임은 자연스
러운 일이다. 그러나 그들 역시 자유무역을 지키지 않는 것은 마찬가
지다. 다양한 관세-비관세 장벽을 이용하여 자신에게 경쟁력이 없는
산업 분야를 보호하려고 하고 있다. 따라서 이 문제는 전부 아니면 전
무 식으로 해결될 것이 아니고, 경제의 앞선 정도에 따라 정책의 종류
가 고정되어 있는 것도 아니다. 주변국은 자신의 산업 보호와 국민 생
활의 안정을 위해 자유무역과 보호무역 사이에서 협상력을 발휘할 수
밖에 없다.

　도덕적 개입: 강대국은 자신의 가치관을 토대로 약소국에게 개입
한다. 미국이 인권을 내세워 약소국에 간섭하는 것이 대표적인 사례
다. 보스니아 사태, 앙골라 사태 등에 군사적으로 개입하면서 미국은
인권 보호를 내세웠다. 강대국인 중국에 대한 인권 간섭도 계속된다.

이런 현상은 탈냉전 이후 가속화되었고, 도덕적 개입의 문제는 최근 미국 국제정치학의 주요 관심사가 되었다. 그러나 여기서 알 수 있듯이 미국의 도덕적 개입은 자국의 이익 추구를 바탕에 깔고 있다. 아무리 인권 유린이 자행되어도 미국은 자신의 이익이 걸리지 않으면 개입하지 않으며, 오히려 세계의 수많은 지역에서 보듯이 인권 유린을 자행하는 독재 정권들을 돕고 인권을 신장하는 좌파 정권들을 붕괴시키는 데 노력을 기울여 왔다. 따라서 도덕적 개입을 도덕의 문제로만 볼 수 없다. 한국의 독재 정권이 인권 탄압을 자행할 때 미국의 개입을 요청하거나 묵인해야 할 것인가? 이는 한국의 국민들이 판단할 일이다. 이에 대한 학문적 토의를 준비해야 한다.

전쟁: 약소국에게 전쟁은 많은 경우 강대국 패권 다툼으로 인한 국가와 국민의 파괴, 살상일 뿐이다. 이른바 '고래 싸움에 새우 등 터지는' 일이다. 자신의 의지와 관계없이 전쟁에 끌려들거나 침공을 받아 피해를 얻는 일이 허다하다. 물론 약소국끼리의 전쟁에는 이 말이 해당되지 않는다. 그러나 그런 경우는 오히려 소수다.

평화, 질서, 평등: 평화는 소극적으로는 전쟁 없는 상태이고 적극적으로는 사람 간 우애의 유지다. 그러나 약소국에게 평화는 많은 경우 강대국에 대한 복종의 지속이다. 이에 반항하는 것은 국제질서를 어기는 것으로 응징 받는다. 이른바 '수정주의' 국가들은 세계 평화를 해치는 존재로 매도된다. 그러나 복종의 평화가 과연 진정한 평화인지 의심해 보아야 한다. 질서에 대한 도전은 분쟁을 일으켜 평화를 해칠 수도 있지만 덜한 불평등에 바탕을 둔 더 나은 평화를 위한 노력의, 일환일 수도 있다.

세계화와 민족주의: 약소국의 눈에서 볼 때, 세계화는 강대국 자본의 세계화이며 미국의 패권 확대다. 세계화는 국가 간의 교류 확대를 통해 지구 전체의 생산력을 올릴지 모르나 약소국에게 반드시 유리한지는 의문이다. 세계화는 자본의 집중을 통하여 약소국과 강대국 간의 격차를 더 확대한다. 세계화는 국경을 약화시키기도 하지만, 민

족주의를 더 부추기기도 한다. 민족주의의 부활은 세계 평화에 위협을 주지만 동시에 피압박 민족의 자결을 돕는다. 민족 정체성의 확보는 세계화 시대에 약소 민족이 추구하는 본능적 명제다. 따라서 강대국과는 달리 약소국으로서는 민족주의를 부정적으로만 볼 수 없다.

세계 정부: 세계 정부의 수립을 통한 평화와 질서의 확립은 많은 국제정치사상가들의 꿈이었다. 그러나 그것은 지금으로서는 실현 불가능할 뿐 아니라, 약소국의 입장에서 볼 때 그것이 과연 바람직한가도 문제다. 세계 정부의 관리자는 결국 강대국 출신 인사들일테고, 그들과 약소 지역 주민들과의 격차가 결코 완화되지 않을 것이다. 결국 또 다른 형태의 지배-복종의 관계가 확립되고 그것은 민족 국가로 나누어져 있을 때보다 더 강고해질 것이다.

국제법: 국제법도 약소국보다는 강대국에게 더 유리하다. 국제 법정의 주류 인사들이 강대국 사람들이고 강대국들이 훨씬 더 많은 정보와 자원을 가지고 있기 때문이다. 또 강대국들은 자신의 이익에 위배될 때 국제법을 무시하고도 큰 제재를 받지 않는다. 그렇지만 약소국은 국제법을 이용하지 않을 수 없다. 작은 힘을 이런 법으로 보충할 방법을 강구해야 하기 때문이다.

6. 한국의 특수성과 외교 전략

한국에 특수한 국제정치의 문제들로는 대표적으로 다음과 같은 것들을 들 수 있다.
① 분단과 전쟁, 냉전
② 대북 협력과 통일의 과제
③ 한미동맹의 특수성
④ 4강에 둘러싸인 지정학적 특수성
⑤ 중화 사대주의의 역사
⑥ 선진 자본주의로의 진입 등

이런 문제들을 한국의 정치학자들이 지금까지 다루어 온 것이 사실이다. 그런 만큼 (국제)정치학의 한국적 특징이 있는 것도 사실이다. 그러나 이런 문제들을 얼마나 우리 고유의 시각으로 다루었는지는 의문이다. 여전히 미국 중심 서양 학자들의 개념과 이론에 바탕을 두고, 심지어 서양적·강대국적 시각에 입각한 경우들이 많았다.17) 이에 대해 더 분명히 한국적인 시각을 확보하는 것이 중요하다.

사. 방법: 서구 이론과 우리 정치학

한국 국제정치학의 정립을 위해 세계 정치의 보편 영역을 이해하고 기존의 국제정치학을 활용하는 것이 중요하다. 현실주의론, 자유주의론, 마르크스주의론, '성찰' 이론, 구성주의 등 다양하게 전개되어 온

---

17) 한 중요한 보기로, '한국 전쟁'이라는 용어를 들 수 있다. 이전에 '6·25 사변' 또는 '6·25 동란'으로 부르던 것을 더 학술적이고 국제적인 측면을 강조한다고 하여 언제부터인가 '한국 전쟁'으로 바꾸어 부르고 있다. 사변이나 동란이 본격적인 전쟁의 느낌을 주지 않고 국지적인 변란의 느낌을 준다고 하여 전쟁으로 바꾸는 것까지는 좋으나, 그것이 '한국' 전쟁이 된 것은 문제가 크다. 그것은 사고의 대외 의존성을 여실히 드러낸다. 한국에서 한국 사람들끼리 촉발한 전쟁을 한국 사람들이 한국 전쟁이라고 부르는 것은 마치 미국 사람들이 '남북 전쟁'을 '미국 내전'이라고 부르는 것처럼 이상하다. 외국인의 눈으로 볼 때는 그것이 한국에서 일어났으니 한국 전쟁이겠지만, 우리에게는 당연히 그렇지 않다. 또 하나, 한국 전쟁이라는 말이 공식화된 데에는 1980년대 후반 전쟁에 대한 수정주의적 해석이 활개를 칠 때 그 지적 바탕이 된 브루스 커밍스의 『한국 전쟁의 기원』이라는 책이 큰 역할을 하지 않았나 싶다. 정말 제대로 된 번역이 되려면 그것도 『한국 전쟁의 기원』이 아니라 『6.25전쟁의 기원』이거나 다른 용어로 썼어야 했으나, 거기까지는 바라지 않기로 하자. 그러나 한국 전쟁이라는 타인 준거적 용어는 반드시 바꾸어야 한다. 요즘 들어 한국을 부쩍 '코리아' 또는 'Korea'라고 말하거나 표기하는 것도 마찬가지다. 미국 사람들이 자기의 내전은 그냥 '남북' 전쟁이라고 부르는 것이나 자기들끼리의 야구 시합을 '월드 시리즈'라고 하는 것과는 완전히 반대 현상이다. 제국과 변방의 자연스러운 차이로 치부해버릴 것인가?

미국 국제정치학의 시각들을 검토하고, 어느 것이 한국(주변부) 국제
정치학에 더 유용한지를 살필 필요가 있다. 그러나 그중 서구적·미
국적 특수성과 편견을 배제하고, 강대국끼리의 관계에 초점을 맞춘
학문적 성격을 감안해야 한다.

  이들을 이용하면서 주변부 시각을 확보해야 하는데, 그것은 주변부
적인 시각도 이들처럼 다양할 수 있다는 점을 의미한다. 위의 시각들
중 현실주의보다는 자유주의, 성찰 이론 등이 주변부 특수성을 이해
하는 데 덜 부적합할 수 있다. 이들은 국가 간 힘의 관계만이 아니라
다양한 수준, 다양한 행위자들의 다양한 문제 영역에 관심을 두는 반
면, 현실주의는 강대국끼리의 힘의 관계에만 관심을 두므로 그렇게
볼 수 있다. 그러나 다른 한편 현실주의적 힘의 관계가 여전히 세계
정치를 지배하고 약소국에 미치는 영향이 가장 크므로 현실주의적 시
각이 여전히 중요하다고도 할 수 있다.

  마르크스주의는 기존의 자본주의적 지배체제를 비판하므로 주변부
에 동정적일 수 있다. 그러나 이 또한 내부적 차이가 있다. 정통 마르
크스주의는 주변부를 무시한다. 제국주의론은 중심부에 대한 연구이
며, 세계체제론은 세계 전체의 구조에 대한 연구이기 때문에 주변부
이론으로 직접 사용될 수 없다. 이에 비해 주변부 이론이라고 할 수
있는 종속이론은 국제정치에 대한 관심이 부족하다. 그래서 우리 국
제정치학의 정립을 위해 이용할 수 있는 주변부 국제정치학은 태부족
하여 활용할 것이 별로 없는 형편이다. 관련되는 것은 종속이론과 이
와 관련된 제국주의론, 세계체제론, 그리고 약소국·중간국 외교에
관한 연구 정도라고 할 수 있다.

  마지막으로, 우리 정치학이 얼마만큼 '우리의' 학문이어야 하는 중
요한 문제가 있다. 다시 말해 기존의 서양 정치학의 성과를 얼마만큼
수용할 것인가의 문제다. 우리 정치학은 미국 정치학과 완전히 다른
독특한 정치학을 목표로 삼아야 할 것인가? 그렇지 않다고 본다. 사
실 모든 다른 현상과 마찬가지로 정치 현상에도 '보편적'인 것들이 많

다. 이에 대해서는, 개인적인 흥미 때문이 아니라면, 우리가 새로운 시도를 할 필요가 없다. 또, 한국에 고유한 현상이라도 외국의 이론을 대입해 볼 수도 있다. 반드시 적실성이 없으리라는 법도 없다. 문제는 어떻게 한국의 특수성을 포착하고 해결할 독창적인 시각과 이론을 정립하느냐의 문제다. 이에 대해서는 또다른 논의가 필요한데, 다른 기회로 넘긴다.18)

　간단히 요점만 말하자면, 서양 국제정치학에 없는 획기적인 새로운 이론이나 방법론을 찾는 것은 적어도 지금으로서는 비현실적이다. 그 것은 한참 뒤의 과제다. 그보다는 주변부 한국의 위치와 문제의 특수성에 초점을 맞추어 일관된 세계관과 분석틀을 갖추는 것이 현실적이고 바람직한 방법이라 할 것이다.

---

18) 필자의 앞선 글에서 상당 부분 논의하였다.

제4장

세계화와 민족주의: 약소국의 시각

가. 들어가는 말

온 세계가 세계화의 물결에 휩쓸리고 있다. 그것은 20세기 말부터 온누리의 거역할 수 없는 흐름으로 받아들여지고 있으며, 이에 따라 국가나 기업의 구조와 관행, 그리고 국제관계가 근본적인 변화를 요구받고 있다. 다른 한편 세계화의 흐름에 반대하는 움직임도 점차 활발해지고 있으며, 이에 따른 갈등이 국제사회의 새로운 문젯거리로 떠오르기도 한다.

어느 쪽이라고 하더라도, 세계화의 논의나 정책들은 미국을 비롯한 서구 강대국들의 주도로 이루어지고 있으며, 약소국들은 이에 추종하거나 거부의 불이익을 감수할 것을 강요받고 있다. 이런 상황에서 약소국의 민족주의는 세계화의 흐름을 거역하는 것으로 비판받고 있다.1)

이 논문은 지금까지 지배적 담론으로 되어 있는 강대국, 특히 영-미

에서의 세계화론과 민족주의론을 비판적으로 검토하고, 이에 대한 약
소국 고유의 시각을 설정해 보고자 한다. 이를 위해 강대국의 '보편적'
관점이 결코 보편적이지 않으며 오히려 강대국의 특수한 처지를 반영
한 것이라는 점과 따라서 우리의 시각 역시 약소국이라는 우리의 처
지를 반영해야 한다는 점을 강조할 것이다. 결론으로는, 미국 주도의
획일적 세계화와 배타적 민족주의를 벗어나 다양한 구성요소들의 공
존을 추구하는 다원적 세계화와 열린 민족주의가 결합되어야 한다는
점을 제시할 것이다.

　논의를 시작하기 전에 약소국과 강대국의 구분에 대해 간단히 설명
하고자 한다. 세계의 다양한 여러 나라들을 강대국과 약소국으로 양
분할 수 있느냐는 의문은 쉽게 나올 수 있고 그 나름대로 근거가 있
다. 실제로 세계의 구성원을 기준에 따라 많은 등급으로 분류할 수 있
다. 그래서 한국을 약소국으로 보기보다는 '중간국'으로 보는 것이 타
당하지 않느냐는 생각도 있을 수 있다.

　그러나 문제는 이러한 분류가 분류의 목적에 얼마나 잘 부합되는가
에 있다. 우리의 중요한 한 연구 목적이 세계 정치와 그 담론이 강대
국 중심으로서 약소국의 처지를 반영하지 못하는 점을 밝히는 데 있
으므로 양분법이 다분법보다 유용하다고 본다.

　실제로, 세계의 구성원을 여러 등급, 예를 들어 초강대국, 강대국,
중간국, 약소국, 최약소국 등으로 분류하는 것은 세계체제 차원에서
는 더 정확하고 유용하지만, 구성원들, 곧 행위자들 간의 관계를 규정
할 때는 오히려 상황의 본질을 흐릴 가능성이 크다. 예를 들어, 일본
과 미국이 안보조약을 개정하려고 협상한다면, 우리는 이를 초강대국

---

1) 한국의 경우 특히 세계화에 대한 추종이 두드러지고 이른바 '반세계화'의 기운이
　미약하다. 이는 남북한 대치 상황에서 오는 강한 대미 종속 때문으로 보인다. 냉
　전의 논리가 유독 강한 것과 세계화의 득세가 유독 강한 것이 같은 이치이다. 한
　국에서의 세계화론 및 민족주의론의 전개에 대해서는 김영명, 『우리 눈으로 본
　세계화와 민족주의』(서울: 오름, 2002), 제2, 4장 참조.

과 강대국 간의 협상이라고 해야 할 것인가, 아니면 강한 쪽과 약한 쪽과의 협상이라고 해야 할 것인가? 브라질과 한국이 축구 시합을 하는데, 강한 나라와 약한 나라의 대결이라 할 것인가, 강한 나라와 중간 나라의 대결이라 할 것인가?

전자일 것이다. 우리가 세계 정치를 체제 전체 차원에서 보기보다 당사자들 사이의 관계로 보게 되면 강대국과 약소국의 이분법이 정당하게 된다. 그럼으로써 양자의 상대적 힘 차이가 분명히 드러나기 때문이다. 그리고 바로 이 점이 세계 정치를 보는 약소국 주민의 시각에서 매우 중요하다는 것이 이 논문의 기본 주장이다.

또 다른 논란거리는 국가를 의인화하여 단일한 실체로 서술하는 데 따르는 문제점이다. 세계 정치의 행위자들은 다양하고 한 나라 안에서도 다양한 실체들이 존재하는데 국가를 하나의 단일체로 규정할 수 있느냐는 의문이다.

이 의문 또한 타당하지만, 우리의 목적이 국제사회에서 나타나는 크고 강한 힘과 작고 약한 실체의 서로 다른 이익과 시각들을 대비시키는 데 있기 때문에, 이런 의인화는 한계가 있을망정 정당화될 수 있다고 본다. 또 국제사회에서 국가 행위자와 국가 단위의 상호작용은 여전히 가장 중요한 요소이며, 사회의 다양한 이익과 구별되는 '국가 이익'은 분명히 존재하기 때문에, 이러한 국가 중심적인 논의는 다원화된 지금의 세계에서도 분명히 필요하다고 생각된다. 물론 이 말이 국가 단위의 상호작용이 유일하게 중요한 세계 정치의 요소라는 말은 아니다.

이렇게 볼 때, 여기서 약소국의 시각이라는 것은 약소국 '주민(학자-논평자나 정책결정자)'의 시각으로 생각하면 될 것이다. 앞으로의 논의는 주로 세계화와 민족주의에 대한 서구, 특히 영-미 학계의 담론에 초점을 맞추어 그 문제점을 지적하고 약소국 학자나 정책결정자가 가져야 할 시각을 제시하고자 한다.

나. 기존의 연구: 강대국적 시각

1. 세계화론의 특징

세계화라는 용어는 1960~70년대부터 본격적으로 쓰이기 시작했
다.[2] 그러나 관심의 본격적인 초점이 되기 시작한 것은 소련 동구 공
산권 붕괴 이후이다. 사실 세계화라는 현상은 현재에 국한된 것이 아
니라 이미 수백 년 전부터 시작되었다는 견해들이 있다.

예를 들어 마르크스와 월러스틴은 1500년대부터, 기든스는 1800
년대부터 세계화 현상이 시작되었다고 본다.[3] 또 논자에 따라서는
1890~1914년 사이의 시기가 여러 면에서, 적어도 서구 세계에서는,
훨씬 더 국경을 넘은 교류 비율이 많았다고 한다.[4]

그런데 왜 요즘 와서 세계화라는 말이 유행어가 되었는가? 이것은
역시 소련과 동구 사회주의가 붕괴하고 미국의 경제가 회복되어 일국
패권 현상이 두드러졌기 때문이 아닌가 한다. 미국을 중심으로 한 신
자유주의 이데올로기가 세계적으로 전파되면서 세계화의 열풍이 몰아
친 것이다. 이렇게 볼 때 지금의 세계화는 미국 중심의 신자유주의 세
계화로 구체화할 수 있다.

그런데 세계화라는 말은 그 자체가 논쟁적이다. 어떤 영국의 논자
는 "세계화에 관한 어떤 논의도 정통성의 지위를 차지하지 못하고 있
다"고 했다.[5] 어떤 면에서 이는 사실이다. 세계화의 여러 국면과 쟁점
들에 대한 토의에서 우리는 뚜렷하게 갈라지는 두 경향들을 볼 수 있

---

2) David Held, "Introduction," in David Held and Anthony McGrew, eds., *The Global Transformation Reader* (Cambridge: Polity Press, 2000), p.1.
3) Jan Nederveen Pieterse, "Globalization as Hybridization," in Frank L. Lechner and John Boli, eds., *The Globalization Reader* (Malden: Balckwell, 2000), p.101.
4) Held, p.4.
5) 위의 글, 1쪽.

는데, 그것은 1)인식의 문제로서, 세계화를 현실로 인정하는 경향과
세계화가 허구라고 주장하는 경향으로 갈라진다. 또, 2)평가의 문제
로서, 세계화 현상을 긍정적으로 보는 쪽과 부정적으로 보는 쪽으로
나뉘어진다.

　서양의 세계화 논쟁은 주로 세계화 현상이 얼마나 진짜냐, 다시 말
해 세계화가 현실인가 상상인가에 관한 논쟁이다. 이에 비해 세계화
의 실체(현상, 정책, 결과)에 관한 평가, 곧 세계화가 바람직한가 아
닌가에 대한 논의는 위의 논의에 비해 빈약한 편이다. 왜냐하면 주류
세계화 논의에서는 세계화에 대한 긍정적인 관점이 적어도 학계에서
는 주류를 이루기 때문이다.

　위 두 쌍의 논쟁은 사실 치열한 편이다. 그러나 어느 쪽이든 주류
세계화 논의에서는 약소국의 민족주의나, 정체성, 국제적 입지에 관
한 논의가 크게 빈약하다. 세계화가 야기하는 국제적 불평등에 주목
하는 반세계화 담론이나 운동도 마찬가지로 전지구적 시각에 입각해
있어서 약소국의 처지를 본격적으로 드러내지는 않는다.6)

　이는 어찌 보면 당연한 일이다. 강대국 사람들이 약소국 사정까지
거론해주기를 바라는 것이 오히려 무리다. 그래서 약소국의 사정은
약소국 사람들이 연구해야 하는 것이다. 세계화에 관한 대표적인 독
본들을 보면 이런 문제가 명확히 드러난다.7) 일부 비판적 지식인들의
문제 제기가 있기는 하지만, 극히 소수에 불과하다.8) 이런 점은 영미

---

6) 구춘권, 『지구화, 현실인가 또 하나의 신화인가』(서울: 책세상, 2000); 한스 마
　르틴·하랄트 슈만 지음, 강수돌 옮김, 『세계화의 덫: 민주주의와 삶의 질에 대
　한 공격』(서울: 영림 카디널, 1997).
7) Frank J. Lechner and John Boli, eds., *The Globalization Reader* (Malden
　and London: Blackwell, 2000); David Held and Antohny McGrew, eds.,
　The Global Transformations Reader (Cambridge: Polity Press, 2000);
　Patrick O'Meara, Howard D. Mehlinger and Matthew Krain, eds., *Globali-
　zation and the Challenge of a New Century: A Reader* (Bloomington and
　Indianapolis: Indianapolis University, 2000).
8) 예를 들어 A. Hurrell and N. Woods, eds., *Inequality, Globalization and*

의 논의뿐 아니라 유럽 대륙의 것도 마찬가지다. 유럽은 유럽대로 세
계화에 대해 고유한 입장을 보인다.9) 미국 중심의 자본주의 팽창에
우려를 표시하면서 유럽의 정체성과 주도권을 지키기 위해 노력하는
현실이 그들의 세계화론에서도 나타난다. 이렇게 볼 때 영미와 유럽
대륙의 세계화론들은 각기 자신이 처한 위치에서 나온 시각들이다.10)

서양의 세계화 논의가 아무리 논쟁적이라고 하더라도 그 모든 논의
들은 하나의 기본적인 합의 아래에 서 있다. 그것은 세계화를 인식하
는 방식에 관한 것이다. 세계화에 관한 기존의 정의는 다양하지만, 그
다양한 정의들은 궁극적으로 한 가지 시각으로 귀결된다. 그것은 세
계화를 국가 간 또는 지역 간의 관계로 파악하기보다는 세계 또는 지
구 전체 단위의 현상으로 이해하고 있다는 점이다. 이런 점은 세계화
찬성론이든 비판론이든 마찬가지다.

최근에 나온 세계화 독본들 중 가장 뛰어난 헬드와 맥그루의 것에
세계화에 관한 여러 개념 정의들이 잘 정리되어 있다. 이는 크게 다섯
가지로 나눌 수 있는데, 이는 1)먼 곳의 행동이 영향을 미치는 것, 2)
시간과 공간의 축약, 3)상호의존의 심화, 4)세계의 오그라듦, 5)전지
구적 통합과 지역 간 권력 구조의 재구축 등이다.11)

그런데 이 다섯 가지 개념 규정은 사실 강조점만 다를 뿐 하나의 현

---

 9) Ulrich Beck, *What is Globalization?* (Cambridge: Polity Press, 2000).
10) 전체적으로 세계화를 새롭고 독립된 연구(문제) 영역으로 인정할 수 있는지에
    대해서도 생각해 보아야 한다. 대표적 독본들을 보면 '세계화'라는 제목을 붙인
    글들은 오히려 소수라는 점에서 이러한 사실이 잘 드러난다. 예를 들어, Frank
    J Lechner and John Boli, eds., *The Globalization Reader* (Malden and
    London: Blackwell, 2000)에 수록된 54편의 글 중 '세계(지구)'나 '세계화(지
    구화)'라는 말이 들어간 제목은 17편밖에 없다. 이전의 국제정치경제 관계 글
    들이 대부분이다. 세계화에 대한 관심과 논의는 이미 세계화라는 말이 유행하
    기 전부터 본격화되었다는 증거다. 그런데 지금 와서 세계화라는 말이 대유행
    인 것은 탈냉전 시대의 신자유주의 이데올로기 팽창을 반영하는 것 같다.
11) Held, 3쪽.

상을 지칭하는 데 불과하다. 곧, "세계가 좁아지고 국경이 엷어진다"는 시공의 축약과 지구적 상호작용의 확대라는, 지구 차원의 변화에 대한 인식이다. 맨 마지막에 '지역 간 권력 구조의 재구축'이 들어가 있지만, 이 또한 국가 간 관계라기보다는 지역 블록(권역)들 사이의 관계에 더 초점을 맞춘다.

이러한 세계화 개념의 근본 문제점은 국가 또는 지역 간의 관계 변화에 대한 인식이 매우 엷다는 사실이다. 이는 '강대국 특수성'을 잘 반영한다. 즉 세계를 제패하는 강대국 주민들은 자연히 전세계적인 차원의 관심을 보이며, 이들에게는 국가 간, 지역 간의 변화가 미치는 영향이 약소국에 비해 경미하기 때문에 이에 대한 관심이 엷은 것이다. 이러한 인식에 바탕을 둔 서구의 세계화 논의는 그래서 다음과 같은 주제들에 관심을 집중시킨다.

곧, 1)정치, 문화, 경제, 사회 관계 들에서 국가–정부의 역할이 얼마나 줄어들고 세계적 차원의 활동이 얼마나 팽창하느냐? 달리 말해, 과연 국가의 국경이 사라지고 있느냐 하는 문제다. 2)이런 상황에서 세계 질서와 평화를 어떻게 이룰 것이며, 3)세계화 과정은 세계의 모든 나라들에 호혜로운가 아니면 국가 간, 지역 간 불평등을 심화시키는가, 4)세계 차원의 새로운 문제들, 예를 들어 환경, 여성 등의 문제를 어떻게 다룰 것인가에 초점이 맞추어져 있다.

따라서 약소국에 관한 관심이 없을 뿐 아니라, 국가 간 역학 구조의 변화에도 관심이 적다. 약소국의 정체성이나 주권에 미치는 영향은 주변적 관심일 뿐이다. 약소국적인 관심과 연관되는 것은 세계적 불평등 문제에 대한 관심 정도다. 필자가 검토한 대표적인 세계화 독본들 속에 있는 수백 편의 글들 중 약소국 입장에서 쓴 것은 단 하나, 페루 혁명 단체가 쓴 선언문뿐이었다.12)

---

12) Tupac Amaru Revolutionary Movement, "Neo-Liberalism and Globalization," in O'Meara, Mehlinger and Krain, eds., 앞의 책.

약소국의 정체성에 관해서는 렉너와 볼리 책의 제8부가 이를 다루고 있는데, "세계화가 이들 사회에 정체성의 문제를 제기한다"는 수준의 관심을 보인다. 구체적으로 이슬람 성전인 지하드, 이슬람 근본주의 등에 대해 언급하며, 이런 현상이 서구 문명과 어떻게 대립되는가에 대한 논의에 그친다.13)

2. 강대국 민족주의론의 특징

이러한 사정은 민족주의 논의에서도 마찬가지다. 민족주의 연구는 세계화론보다 그 역사가 긴 만큼 더 풍부하다. 그러나 세계화론의 경우와 마찬가지로 서구의 민족주의 연구자들 역시 약소국의 사정에는 부차적인 관심만 보이거나 아예 관심이 없다.

그런데 더 큰 문제는 이들이 약소국 민족주의의 문제를 대내적인 측면에서만 본다는 점이다. 그들의 연구는 이전 식민지 나라들의 엘리트들이 보이는 권위주의적 성향과 새로운 억압 이데올로기로서의 민족주의의 역할 등을 강조한다. 그 반면 이들 지역에서 민족주의 이념이 어떻게 반식민 독립 운동의 사상적 기초가 되었으며 지금도 저항적 엘리트들과 민중의 민족주의가 어떻게 반제국주의 투쟁의 동력으로 작용하는가에 대해서는 침묵한다. 따라서 그들의 약소국 민족주의론은 자연히 민족주의의 부정적인 면만을 부각하고 있다.14)

영국의 저명한 라우트리지 출판사가 편찬한 방대한 민족주의 독본 5권을 훑어보면, 그 안에 약소 민족들의 '반' 또는 '탈' 식민주의 운동, 독립 투쟁이나 중심국-주변국의 관계, 약소 민족이 추구하는 정체성

---

13) Lechner and Boli, eds., 앞의 책.

14) Elie Kedourie, *Nationalism* (London: Huchinson, 1960); Eric Hobsbawm, *Nations and Nationalism since 1780* (Cambridge: Cambridge University Press, 1990); Ernst Gellner, *Nations and Nationalism* (Oxford: Basil Blackwell, 1983).

의 문제들을 다룬 글이 보이지 않는다.15) 동서 냉전과 민족주의, 비동맹 운동, '제3세계'로서의 약소국 민족주의 등도 관심사가 아니다. 독본의 제3권이 '아시아·아프리카' 편이지만, 이는 아시아·아프리카의 국가 통합, 권위주의, 엘리트의 역할, 종족 갈등 등 국내 사정만 다루고 있다. 강대국으로부터의 자주 독립 문제를 정면으로 다룬 논문은 하나도 없다.

그러면 서구 사람들의 민족주의에 대한 관심은 구체적으로 어떤 것들인가? 세계화론의 경우와 마찬가지로 그것은 민족주의의 '보편적'인 문제들이다. 곧, 1)민족주의가 근대적 현상이냐 원초적 현상이냐, 2)민족주의가 약화 또는 소멸될 것이냐 아니면 굳건히 생존할 것이냐, 3)20세기 말에 터져 나온, 특히 동유럽 지역의 종족 민족주의를 어떻게 평가할 것이냐 하는 문제들이다.

이 중 민족주의를 근대성의 한 모습으로 보는 견해와 부정적 평가가 우세한데, 이 둘은 밀접히 연관되어 있다. 곧 민족주의는 근대 사회의 한 모습으로 근대가 지나가면 사라질 것이고 따라서 이에 집착하는 것은 국내외적인 갈등만 일으키리라는 생각이다. 이에 대해서는 여기서 자세히 다룰 수 없다.

3. 세계화와 민족주의

세계화와 민족주의는 직접 연결되는 논란거리다. 그런데 묘한 것은 어느 한 쪽의 논의가 다른 한 쪽의 논의를 포함시키지 않는다는 사실이다. 둘이 따로따로 전개되는 양상을 본다. 세계화 담론은 민족주의 담론을 제대로 다루지 않고 민족주의 담론은 세계화 문제를 본격적으로 다루지 않는다.

---

15) John Hutchinson and Anthony D. Smith, eds., *Nationalism: Critical Concepts in Political Science*, 전5권 (London and New York: Routledge, 2000).

앞에서 본 세계화 독본들에는 민족이나 민족주의에 관한 글이 하나도 없고, 정체성 문제는 한 책에만 일부로 들어가 있다. 민족주의 독본에도 83편의 논문들 중 둘 사이의 관계를 본격적으로 다룬 논문이 하나도 없다. 어디에도 이 둘을 연결시킨 본격 논문은 존재하지 않는다. 이는 두 담론이 성행한 시기가 달라서 그렇다고도 생각할 수도 있겠지만, 역시 강대국 주민들에게는 세계화와 민족주의의 관계가 오직 거추장스러운 약소 민족의 시끄러움 정도로 밖에는 의미가 없기 때문이 아닐까 생각된다. 그런데 약소국에게는 세계화와 민족주의의 관계가 때로는 사활이 걸릴 만큼 중요한 문제이다. 따라서 약소국 주민들은 이 문제에 대해 고민하지 않을 수 없다.

세계화와 민족주의의 관계는 사실 복잡한 관계에 있다. 그 관계들을 간단히 정리하면 다음과 같은 것들이다.16)

첫째, 세계화(정책, 현상)는 대체로 민족주의와 배치된다고 생각된다. 이는 주류 세계화론자들이나 민족주의 옹호자들의 생각이다. 세계화는 세계의 단위가 줄어들고 민족과 국가의 경계가 엷어지는 것이니 민족주의는 세계화의 흐름에 역행하는 것이다. 따라서 세계화론자들은 민족주의를 바람직하지 않은 것으로 비판하고, 반대로 민족주의자들은 세계화의 획일성과 강대국 지배성을 비판하고 민족 정체성을 유지할 것을 주장한다.

둘째, 그런데 현실이 그렇게 간단한 것은 아니다. 실상 세계화 이데올로기와 정책은 특정 국가의 국가이익 추구를 위한 수단으로 제시, 전파되고 있는 측면이 강하다. 미국의 자본과 미국 문화의 전지구적 팽창은 미국의 국가, 자본, 시민의 이익을 전지구 차원에서 도모하려

---

16) 이에 대한 간단명료한 정리는 Fred Halliday, "Nationalism," in John Baylis and Steve Smith, ed., *The Globalization of World Politics*, 2nd ed. (Oxford: Oxford University Press, 2001), 한국에서의 이 문제에 대한 논의는 김성배, 『지구화 시대의 민족주의』, 하영선 편, 『탈근대 지구 정치학』(서울: 나남, 1993) 참조.

는 의도의 산물이다. 패권 국가뿐 아니라 약소국에서도 사정은 마찬가지다. 한국의 세계화 정책은 지구의 축소를 위하거나 자본의 자유로운 이동을 위한 것이 아니라 그것을 통한 한국 경제의 발전과 팽창을 목표로 한 것이다. 이렇게 볼 때 지금 시행되고 있는 여러 나라들의 세계화 정책들은 전지구의 그야말로 '지구화'가 목적이 아니라 그것을 통한 특정 국가의 국가이익 추구의 수단임을 부인할 수 없다. 이렇게 볼 때 세계화 정책이나 이념은 민족주의를 약화시키는 것이 아니라 오히려 그 수단으로 추구되는 측면이 강하다고 할 수 있다. 이렇게 볼 때, 세계화론자들이 신봉하는 국경 소멸론은 약소국 민족주의와 정체성을 저해하는 강대국적인 시각이라고 할 수 있다.

셋째, 그리하여 세계화는 이를 수용하거나 추종할 것을 요구받는 주변부 사회에서 방어적 민족주의를 유발하기도 한다. 이는 세계화라는 명목하에 자행되는 세계적 획일화와 문명 침투에 저항하여 고유한 생활양식과 주권을 지키려는 약소 민족의 투쟁들로 나타나고 있다.

넷째, 이와 비슷하나 또다른 현상으로, 세계화의 고조에 따라 다민족 국가 안에 존재하는 소수민족들의 분리 운동이나 정체성 찾기 운동이 세계화에 따른 국민국가에 대한 도전의 일환으로 나타나기도 한다. 기존의 다민족 국가를 해체하고 새로운 단일 민족 국가를 형성하려는 움직임은 소련이나 유고 연방의 붕괴와 독립 국가들의 수립에서 대표적으로 나타났지만, 이에 국한되지 않고 세계 각 지역에서 보이는 움직임이라고 할 수 있다. 이런 현상은 세계 질서를 위협하는 분쟁으로 나타나며, 약소 민족주의를 공격하는 기성 강대 민족의 좋은 표적이 되고 있다.

이렇듯 세계화와 민족주의의 관계는 복잡한데, 이런 여러 쟁점들이 기존의 서구 세계화 논의나 민족주의 논의에서는 충분히 다루어지지 못하고 있다. 이는 이런 문제가 별로 심각하지 않은 강대국, 특히 영국과 미국의 사정을 반영하는 것으로 보인다.

다. 강대국적 시각에 대한 비판: 약소국의 시각과 쟁점

이렇게 영미 주도의 세계화론과 민족주의론은 명백히 강대국 중심적이다. 그 시각과 문제 설정 모두에서 그렇다. 이제 이 점을 좀더 구체적으로 비판하고, 약소국에 중요한 쟁점들을 확인한 뒤, 약소국 시각이 가져야 할 기본 원칙을 제시하고자 한다.

1. 세계화 개념과 분석 단위

약소국의 입장에서 보면 지금 통용되는 '세계화'라는 말 자체가 강대국 위주의 말이다. 그래서 우리는 세계화를 다르게 개념화할 필요를 느낀다. 다시 말해 세계화의 패권주의적 성격을 인식해야 한다. 세계화 자체가 곧 패권주의는 아니지만, 그것이 강대국-약소국 사이의 관계에서 패권주의를 초래할 가능성은 매우 크다.

세계화를 글자 그대로 이해하면 무엇보다도 '세계적으로 되는 것'이란 뜻이다. 다시 말해, 세계적이지 않은 것, 곧 '국지적인 것'이 세계적으로 된다는 말이다. 여기에는 두 가지 측면이 있다. 우선, 국지적인 어떤 실체가 세계로 수출되거나 전파되어 세계 여러 지역의 사람들이 누리거나 사용하게 되는 것을 말한다. 실체의 세계적인 확산이다. 그런데 이러한 실체의 확산은 한 방향, 두 방향, 여러 방향으로 일어날 수 있다. 이는 각 지역들 간의 관계를 규정하게 된다. 이 관계는 전파와 수용의 관계이다.17)

이러한 세계화 개념은 이론상 중립적이지만, 실제로는 불평등한 지배-종속 현상을 비교적 뚜렷이 드러낸다. 개별 실체나 해당 지역을 단위로 세계화를 이해하고, 그래서 내보내는 쪽(강대국-선진국)과 받아들이는 쪽(약소국-후진국)을 비교적 명확히 구분하기 때문이다. 그래

---

17) 이용희, 『일반 국제정치학(상)』(서울: 박영사, 1962).

서 이러한 관점에 서면, 세계화를 받아들이는 세계화뿐 아니라 내보
내는 세계화로도 인식할 수 있게 된다. 예를 들어, 햄버거를 받아들이
는 것이 세계화일 뿐 아니라 김치를 내보내는 것도 세계화라고 인식
하게 되며, 뒤의 것을 더 진흥하기 위한 노력의 지적 기반이 생기게
된다.

그러나 이와는 달리, 영-미의 주류 세계화론은, 앞서 본 바와 같이,
국경과 민족 구별이 약화되고 인간 상호작용(교통과 소통)이 세계적,
전지구적 단위로 확대되는 것으로 세계화를 파악하기 때문에, 본질상
중립적인 의미를 띤다. 이러한 시각은 개별 단위 사이의 관계보다는
전세계 단위의 인간 소통의 확대에 초점을 맞추기 때문에, 다시 말해
분석의 수준을 개별 '행위자'보다는 전체 '구조'에 두기 때문에, 세계화
현상이 각 나라들 사이의 불평등과 지배-종속 현상을 심화시킨다는
사실을 명확하게 드러내지 못한다. 또 이런 관점에 서면 중심부의 문
물이 주변부에 침투하여 주변부의 문물을 대체해 나가는 상황, 즉 문
명 침투의 제국주의적 현실을 포착하기 힘들게 된다.

이러한 두 가지 점, 곧 각 지역 사이 불평등의 확대와 지역 문물의
중심국화 현상이야말로 세계화가 약소국에게 미치는 충격의 독특한
성격인데, 이를 설명할 수 없다는 점에서 기존의 세계화 논의는 명백
히 강대국 중심적이다.

2. 민족의 개념과 유형

민족과 민족주의에 대한 기존의 논의 역시 서구 강대 민족 중심의
시각을 보인다. 따라서 세계화론과 비슷하면서도 조금 다르게, 이 경
우에는 유럽의 경험과 거기서 나온 개념을 다른 곳에 그대로 적용해
야 하느냐의 문제가 제기된다. 이는 민족과 민족주의의 개념과 성격
에 관련되며, 또 이 둘 사이의 관계에도 관련된다.

우선 지적해야 할 문제는 서구 강대국에서 민족주의가 형성된 연원

과 후진 약소국에서 그렇게 된 연원은 전혀 다르다는 점이다. 전자의 경우 국민 또는 민족 통합의 필요성이 민족주의 형성의 기원이고, 후자의 경우는 강대국의 침탈에 대항한 집단 정체성과 독립의 확보 투쟁이 그 기원이다. 유럽의 경험을 그대로 대입하면 근대 민족 국가로 형성되지 못하거나 그 의식을 갖추지 못한 집단은 민족이 아니다. 실제로 영미의 논의에서는 이런 견해가 우세하다. 그러나 다른 곳의 사정은 유럽과 같지 않다. 유럽의 경우와 달리 동아시아의 한, 중, 일의 민족은 근대 이전부터 형성되었다.

이런 난점을 해결하기 위하여 안소니 스미스는 전근대와 근대를 관통하는 공동체 집단을 지칭하는 '에스니'라는 개념을 제안했다.[18] 이 개념은 매우 유용하다. 하지만 다른 한편 이런 개념을 반드시 써야 하는가 하는 의문도 든다. 민족 형성의 여러 역사적 단계로 분류하면 족하지 않을까? 예를 들어 필요할 경우 전근대적 민족, 근대적 민족 등으로 구분하여 쓰고 필요 없을 경우에는 그냥 민족으로 쓰면 될 것 같다.[19]

여기서 민족의 서로 다른 모습들이 관련된다. 예를 들어, 마이네케는 '문화민족'과 '국가민족'을 구분하였다. 마이네케의 조국인 독일의 경우 영국이나 프랑스의 경우와는 달리 문화민족의 특징이 강했다. 유럽의 경험에서 나온 이 두 유형의 민족에, 약소국의 경우인 '저항민족'이 추가된다.[20]

---

18) Anthony D. Smith, *Nations and Nationalism in a Global Era* (Cambridge: Polity Press, 1995); 임현진, 『지구 시대 세계의 변화와 한국의 발전』(서울: 서울대학교 출판부, 1998).

19) 신용하 교수는 민족을 '선민족', '전근대민족', '근대 민족', '신민족'의 네 가지로 분류하였다. 신용하, "민족형성의 이론," 『한국 사회학 연구』 제7집(1984), 14쪽.

20) 박호성, 『남북한 민족주의 비교 연구: '한반도 민족주의'를 위하여』(서울: 당대, 1997), 제2장; 노재봉, "한국 민족주의와 자유주의," 양호민 외, 『한국 민족주의 이념』(서울: 아세아정책연구원, 1977), 216쪽.

한국의 경우는 문화민족이 앞섰고 국가민족의 형성이 뒤를 이었으나, 남북 분단의 현실 때문에 분열된 국가민족이 되고 말았다. 또 외세의 침탈에 대항하여 민족의식이 형성되었으므로, 저항민족의 성격도 강하다. 그래서 한민족은 문화민족과 저항민족의 성격이 강하다. 이는 문화민족보다는 국가민족으로 먼저 형성된 유럽, 특히 영국이나 프랑스의 민족과는 매우 다른 경우다.

민족의 기원을 어떻게 보든지 간에, '근대성', '정치적 민족주의 이념', '국민' 의식 등이 없다고 해서 공동의 언어와 핏줄과 문화를 공유하는 대규모 인간 집단들을 '민족'이라고 불러서 안 될 이유는 없다. 서구의 경험을 그대로 대입하여 그와 어긋난다고 해서 민족이라는 용어를 쓸 수 없다고 생각하는 것은 서구인의 자민족중심주의이므로 그대로 따를 필요는 없다.

이와 관련된 쟁점이 민족과 민족주의의 관계다. 요컨대 민족주의가 없으면 민족이 없는가 하는 문제다. 다시 말해, 민족과 민족주의는 어느 것이 우선하는가? 상식의 유추로 보면 민족이 먼저 있고 민족주의가 나중에 개발될 수도 있고 안 될 수도 있다. 한국의 경우는 이에 해당된다고 생각된다.

그러나 앤더슨이나 겔너같은 서구 학자들은 민족주의 이데올로기가 생김으로써 비로소 민족이 '상상' 또는 '제조'된다고 주장한다. 이 역시 유럽의 경험을 반영하는 것이다. 물론 세계사의 예를 보아도, 민족주의가 민족보다 선행한 것이 다수 예이고, 한국처럼 단일 민족이 이미 역사적으로 존재한 후에 민족주의의 기반으로 작용한 예는 소수이다. 그러나 이 말을 뒤집으면 전자에 해당하는 유럽의 경험에서 나온 민족주의론을 한국에 그대로 적용할 수 없다는 얘기가 된다.

한국의 경우 근대적 시민 의식의 형성에 관계 없이 공통의 언어와 핏줄과 문화에 기반한 공동체가 있었다. 이것을 '족'이라고 부르기도 하고 '원민족'이라고 부를 수도 있다. 그러나 어떻든 일종의 '전근대적' 민족이 존재했던 것은 부인할 수 없다. 학자들은 한민족의 형성을 대체로 삼국통일 시기부터로 본다. 이런 공동체를 바탕으로 19세기 말 외세의 침략과 함께 대외 저항적 근대 민족주의가 형성되었고, 그와 함께 한민족이 '근대적' 민족으로 성장하게 되었다는 것이 한국민족주의 연구자들의 대체적인 시각이다.21)

이렇게 보면 민족과 민족주의의 역사적 발현에 여러 종류가 있었을 뿐 아니라 이 둘 사이의 관계도 획일적이지 않다는 점을 알 수 있다. 결국, 국민이나 민족을 정치적으로 보느냐 아니면 문화적으로 보느냐의 문제로 귀결되는데, 서구 특히 영국-프랑스의 경험에 따라 정치적 민족주의를 정통 민족-민족주의의 개념으로 보아야 할 이유는 없다. 이 자체가 서구적 시각이고, 그들의 경험을 다른 민족들에게 강제 적용하는 일이다.

3. 강대국의 민족주의 비판에 대한 반론

강대국에서는 민족주의에 대한 부정적인 견해가 우세하다. 약소국인 한국에서도 요즘에는 민족주의 비판론이 고개를 들고 있다.22) 민족주의에 대한 비판은 대체로 세 가지로 요약될 수 있는데, 그것은 1) 대내 억압, 특히 소수자의 권리 억압, 2)국제 분쟁 유발, 3)대외 팽창이다. 민족주의는 이 모든 부정적인 요소들을 간직하고 있고, 역사에서 그것을 증명했다. 그러나 이를 이유로 민족주의를 통째로 부정하는 어리석음을 범해서는 안 된다. 강대국에 대한 예속의 위험 아래 있는 약소국의 경우는 특히 그러하다.

여기서는 민족주의 비판을 우선 위의 세 쟁점을 통해 평가하고, 그에 관련된 문제들도 살펴보기로 한다.23) 첫째, 민족주의 이데올로기

---

21) 조민, 『한국 민족주의 연구』, 민족통일연구원 연구 보고 (서울: 민족통일연구원, 1994).

22) 임지현, 『민족주의는 반역이다』(서울: 소나무, 1999); 권혁범, 『민족주의와 발전의 환상』(서울: 솔, 2000).

가 사회공동체 안의 소수자들, 소수 민족이나 이념적, 사회적, 성적, 정치적 소수자들을 억압하는 데 이용되는 것은 사실이다. 그러나 민족주의가 반드시 대내 억압을 유발하는 것은 아니다. 서구의 자유 민족주의는 인권, 민주주의 신장과 궤를 같이 했다. 파시즘은 민족주의의 극단적 형태이며, 그것 때문에 민족주의 자체가 비판되어야 하는 것은 아니다. 제3세계 저항 민족주의의 대내적 억압도 반드시 민족주의 때문이었다고 할 수 없다. 오히려 식민 통치를 겪었던 지역 주민들에게는 반민족주의적인 억압이 매우 컸다. 한국의 반공적 탄압이 한 본보기이다.

둘째, 민족주의가 반드시 국제 분쟁을 유발하는 것도 아니다. 물론 민족자결권 주장이 국제 분쟁을 야기한다. 최근 발칸 사태가 그 증거다. 그러나 다른 이념이나 신조로 인한 국제 분쟁도 결코 이에 못지 않다. 종교 분쟁은 민족 분쟁 이상으로 세계 평화를 위협하고 인명의 살상을 가져왔다. 그래서 우리는 종교 자체를 비난해야 할 것인가? 더 중요한 문제로, 약소 민족의 독립 또는 자주권을 위한 투쟁을 국제 분쟁을 야기한다고 비난하는 것을 약소 민족은 받아들일 수 없다. 민족 자결권은 민족의 자연권과 같다. 서구의 민족주의 비판자들은 대체로 이러한 민족 자결을 인정하지 않으려는 자세를 보인다. 이는 기존 질서 옹호자들의 자기이익의 발현이라고 생각할 수 있다. 이미 민족 국가를 이룬 사람들이, 즉 이미 민족 자결을 이룬 그들과 같은 지위를 요구하는 다른 민족의 자결권을 부인하려는 것이다. 그리하여 자신의 기득 이익—곧 다른 민족에 대한 지배나 기존 질서의 이익을 유지하려는 것이다. 물론 민족자결권이 언제나 이를 위한 행동으로 나타나야 한다는 것은 아니다. 이에는 여기서 다룰 수 없는 더 복잡한

---

23) 민족주의 옹호론은 Anthony D Smith, *Nations and Nationalism in a Global Era* (Cambridge: Polity Press, 1995); David Miller, "In Defence of Nationality," in Hutchinson and Smith, eds., *Nationalism: Critical Concepts in Political Science* (2000) 참조.

문제들이 개입된다.

셋째, 민족주의의 대외 팽창은 약소국보다는 강대국의 문제다. 물론 약소국의 경우에도 때에 따라 더 약한 국가나 민족에 대한 팽창이나 압박을 행사할 수 있다. 인접국에 대한 베트남의 압박이 한 보기가 될 것이다. 그러나 팽창 민족주의의 본모습은 역시 힘센 나라들의 것이다. 나치즘이나 일본의 군국주의에서 가장 적나라하게 나타났지만, 19세기 영국이나 프랑스의 제국주의, 20세기 중반 이후의 미국 패권주의도 팽창적 민족주의의 소산이다. 물론 미국의 경우는 '국민주의'나 '애국주의'라는 말이 더 어울리지만, 국민주의 역시 '내셔널리즘'의 다른 측면을 강조하는 또 하나의 번역어에 불과하며, 애국주의 또한 크게는 민족-국민주의의 한 범주로 간주된다. 흥미로운 것은 서구의 민족주의 논의가 이러한 서구 자유민주주의 강대국들의 대외 팽창 민족주의에 대해 언급하지 않는다는 점이다. 마치 서구에서는 대내 통합과 국민 형성과 자유의 신장, 그리고 국민국가의 완성이라는 대내적인 '아름다운' 자유-민족주의만 있었던 것처럼 말한다. 그러나 19세기에도 20세기에도 21세기에도 서구 선진국의 대외적 민족주의는, 자유의 이름을 빌리든 민주주의의 이름을 빌리든 국가 이익의 모습을 띠든, 존재한다고 보아야 한다.

넷째, 이와 관련된 '보편적인' 두 문제를 볼 필요가 있다. 우선, 민족은 실재하는 것인가 아니면 엘리트가 자기 지배를 위해 발명하거나 상상한 것인가? 위에서 이미 언급했듯이, 민족이 상상된 면이 있는 것은 사실이지만, 동시에 원시적 형태의 민족은 근대 이전부터 존재했다. 근대 이전에도 민족의 형태는 존재했다. 민족주의는 역사적으로 피 → 언어·문화 → 정치·제도의 순으로 발전해 왔고, 유대감도 그 순서로 강하다. 따라서 지나치게 서구 이론에 빠져 민족의 역사적 실재를 부정하는 것은 온당치 않다. 민족은 상상된 것에 불과하기 때문에 민족 자결권, 민족의 권리 등을 지나치게 내세워서는 안 된다는 주장에는 동의할 수 없다.

국내에서 민족주의를 폄하하는 사람들은 특히 앤더슨이 제시한 '상상의 공동체'란 말을 즐겨 인용하는데, 그들은 이를 "민족은 실체가 아니라 상상의 산물일 뿐이다"라는 말로 이해하고 있는 듯하다.24) 그러나 앤더슨은 민족주의 자체를 비판하지는 않았다. 그가 말하는 '상상'은 '발명'이나 '날조'의 뜻이 아니다. 오히려 그보다 더 과격한 주장을 하는 겔너의 생각이 이에 가깝다.25) 물론 앤더슨이 이미 존재하는 민족의 실체를 대중이 엘리트의 도움으로 인식, 자각하게 된다는 것을 의미한 것은 아니다. 그렇지만 동시에 정치엘리트가 존재하지 않는 민족이라는 허구를 대중들에게 날조하여 상상케 한 것을 뜻하지도 않았다. 그가 뜻한 것은 단지 근대적 민족으로 형성되지 못한 공동체적 집단이라는 '재료'를 엘리트가 대중의 '상상'으로 빚어 민족을 만든다는 것이었다.

어쨌든 위와 같은 식의 민족주의 비판에는 정치적 반동의 가능성이 농후하다. 겔너나 앤더슨을 따라 민족주의가 발명된 것이고 민족이 상상된 것이라고 하면, 쉽게 얘기해서 민족의 실재를 부정하면, 약소 민족의 독립과 자주권 확보 투쟁을 부인하고 강대 민족의 현상 유지 정책을 지지하게 될 수 있다는 말이다.26)

다섯째, 보편적인 문제로 자주 거론되는 두 번째 질문으로서, 민족 국가는 사라질 운명에 있는가? 이를 비관적으로 보면 아무래도 민족주의에 더 비판적으로 될 것이고, 낙관적으로 보면 민족주의가 나쁘다고 하더라도 이를 전제로 개선책을 강구하게 될 것이다. 민족 국가의 성격과 구실이 바뀌더라도 민족 국가의 중요성이 사라지리라고 보

---

24) Benedict Anderson, *Imagined Communities: Reflections on the Origin and Spread of Nationalism*, 2nd ed. (London: Verso, 1991).
25) Ernst Gellner, *Nations and Nationalism* (Oxford: Basil Blackwell, 1983).
26) 예를 들어 호주 마오리족의 토지 반환 요구를 마오리족의 전통이 '발명'되었다는 이유로, 본의든 아니든, 방해할 수 있다. Childs, Peter and Patrick Williams, *An Introduction to Post-Colonial Theory* (Essex: Prentice-Hall, 1997), p.204.

기는 어렵다. 세계화의 결과로 과연 민족 국가가 얼마나 약화될 것인지 의문이다.27) 이 문제를 여기서 본격적으로 다룰 수는 없지만, 그러나 "민족 국가 강화가 세계화 현상의 일부"라는 말을 경청할 필요가 있다. 최근 국제사회에는 두 상반된 흐름이 있는데, 하나는 세계화로 인한 민족 국가, 영토 국가의 중요성이 감소하는 것이고, 다른 하나는 탈냉전, 공산권 붕괴와 더불어 나타난 민족 정체성 요구의 강화와 민족 국가 수효의 증가다. 실제로 1990년대 소련 붕괴 뒤 세계의 정치 단위들은 민족 국가 단위로 통일되었는데, 이전엔 국가 형태가 이렇게 통일된 적이 없었다. 또 주권 국가들의 성격, 목표, 구조, 계획, 내적 작동 양식 등이 통일되었는데, 이는 세계화가 민족주의나 민족 국가를 약화시키기는커녕 오히려 강화한다는 증거로 보인다.28)

이런 여러 점들을 감안하면, 세계화의 흐름에도 불구하고 민족 국가의 위치가 쉽사리 약화되지 않으리라는 스미스의 견해가 가장 설득력 있어 보인다. 그는 '민족 상징주의'의 힘을 과소평가해서는 안 된다고 주장한다.29) 민족 국가는 탈근대 사회, 또는 세계화 시대의 도래와 함께 사라질 것이 아니다. 그래서 민족주의의 잠재적, 실제적 폐해를 인정하면서도 그 긍정적 기능에 주목하며, 그것이 어떻게 순한 형태로 평화적으로 발현되게 할 것인가에 초점이 맞추어져야 한다.

---

27) 세계화가 민족 국가의 장래에 미치는 영향에 대해서는 국내외에서 많은 연구 결과들이 나와 있다. 영미에서는, 반드시 세계화와의 관련에서가 아니라도, 민족 국가를 근대성의 산물로 보고 시간이 지나면서 소멸할 것이라는 견해가 강하다. 국내에서는 대체로 세계화가 민족 국가의 위상을 조금 약화시키더라도 민족 국가 자체가 소멸하거나 크게 위축되지는 않고 그 역할이 재조정될 것이라는 데로 의견이 모아지는 것 같다. 정진영, "세계화와 국민국가의 장래," 『경제와 사회』(가을, 1994) 따라서 앞으로의 연구 과제는 민족 국가와 초국가적 요소들 간의 상호작용이 각 분야에서 어떻게 설정되어야 하며, 이 관계가 어떻게 변화해 갈 것인가에 대한 구체적인 쟁점들일 것이다.

28) Lechner and Boli, eds., 위의 책; 윤덕희, "사회주의권 변화와 민족주의의 부활," 『한국정치학회보』 제32집 2호 (1998 여름).

29) Anthony D. Smith, *Nations and Nationalism in a Global Era* (Cambridge: Polity Press, 1995).

여섯째, 여기서 관련되는 문제가 민족주의가 과연 원하지 않는다고 인위적으로 폐기할 수 있는 것인가 하는 문제다. 민족주의는 다른 여러 정치 이념들과는 달리 고도로 정념적이고 원초적인 성질을 가지고 있다. 자유주의나 사회주의와 같은 이성에 입각한 정치 이념이 아니라, 오히려 종교에 가까운 것이다. 종교가 폐기될 수 없는 것처럼 민족주의 또한 폐기되기 어려운 것이다.

4. 약소국에 중요한 쟁점들

약소국 민족주의의 과제는 대외적으로는 '독립과 자주'를 유지하는 것이고, 대내적으로는 '민족 통합'과 '국민국가를 형성'하는 것이다. 민주주의, 근대화, 경제 발전 같은 과제들은 약소국이 지향해야 할 과제이고, 약소국 '민족주의'가 지향해야 하는 가치이기도 하지만, 민족주의의 '본질적' 과제라고는 할 수 없다. 그것은 민족주의 이념의 본질이 민족의 통합, 독립, 자주, 팽창을 지향함에 있기 때문이다. 이 중 팽창은 약소 민족에도 해당되는 경우가 있기는 하나(더 약한 민족을 향한 팽창), 근본적으로는 강한 민족에 해당된다. 그 반면 강한 민족에게는 위의 약소국 과제들이 대체로 완결되었다.

따라서 약소국에 중요한 세계화-민족주의에 관한 쟁점들은 강대국에서 생각하는 '보편적(실제로는 강대국의 특수한 사정이 반영된)' 쟁점과 달라야 한다. 물론 약소국에서도 보편적인 쟁점들을 이해해야하고, 다른 한편 이 보편적인 문제들이 약소국의 특수한 문제들과 연결되기도 한다. 예를 들어 세계화 시대에 국경이 약화되느냐 안 되느냐는 세계의 보편적 문제이지만, 약소국 주권의 확보라는 약소국 특유의 문제와 바로 연결된다. 약소국은 그런 만큼 보편적인 문제에 관심을 가져야 한다.

세계화와 민족주의의 관계에서 제기되는 여러 쟁점들 중 약소국에 중요한 것들은 다음과 같이 요약될 수 있다.

① 살아남기와 주체성·정체성 유지(즉 독립과 자주)
② 이익과 권리 챙기기, 국가 간 불평등 해소
③ 평화와 질서의 유지
④ 국민국가의 약화 여부

이 중 ③과 ④는 강대국, 약소국 할 것 없이 해당되는 보편적인 문제다. 그러나 세계 차원의 질서 유지나 이익 확대에 관심을 쏟는 강대국과는 달리, 약소국에는 이것이 살아남기의 문제와 직결된다. 따라서 강대국에게와는 또다른 의미를 가진다. ①과 ②도 보편적인 문제일 수 있지만, 특히 약소국의 처지에서 절박한 문제다. 이 문제들은 반드시는 아니지만 ③, ④와 충돌할 가능성이 있다. 다시 말해, 이들은 이중적 관계에 있다. ③, ④가 ①, ②를 줄 수도 있지만, 반대로 ③, ④를 핑계로 강대국이 약소국의 생존, 정체성 유지, 권리 확보, 이익 실현을 방해할 수도 있는 것이다. 여기서는 위의 논점들 중 주로 ①과 ②에 초점을 맞추고, ③과 ④는 이것들과 관계되는 범위 안에서만 다룰 것이다. 그 이유는 지금까지 설명한 바와 같다.

이렇게 볼 때 강대국의 논의에서 빠진 한 문제가 실상 약소국 민족주의의 가장 뚜렷한 논점이 되어 왔고 앞으로도 그럴 것이다. 그것은 반식민주의 저항 민족주의로서의 약소국 민족주의다. 이 문제들은 위의 ①과 ②에 해당되는 문제들이다. 약소국의 경우는 선진 강대국의 경우에는 없는 주요 국면, 곧 '대외적인 독립과 자주'의 문제가 민족주의의 일차적이고 가장 중요한 문제로 간주되는 것이다.30) 이런 점에서 대외적인 또는 국제정치경제적인 국면이 빠진, 강대국 경험에 바탕을 둔 강대국의 민족주의론을 약소국에서 그대로 받아들일 수는 없다.

약소국, 약소 민족에 특유하고 중요한 구체적인 쟁점과 연구 과제

---

30) 민족 통합 또는 국민 통합의 문제도 민족주의의 본질적인 과제이지만, 여기서는 세계화와의 관련 속에서 민족주의를 논의하기 때문에, 이에 대한 언급은 생략한다.

들은 수없이 많지만, 그중 10가지 정도만 추려 보자.

① 세계화의 흐름이 약소국의 주권 유지나 약화에 어떻게 작용하는가?
② 세계화의 흐름이 강대국과 약소국의 동맹 관계에 어떤 영향을 미치는가?
③ 자본의 세계화는 중심부와 주변부의 경제 관계를 어떻게 바꾸는가? 주변부의 산업, 유통, 노동 구조 등에 어떤 영향을 주는가?
④ 세계적 미디어 산업의 독과점화가 약소국 주민들의 정보 체계와 의식 구조에 어떤 영향을 주는가?
⑤ 약소 민족의 민족주의는 세계화 시대에 어떤 식으로 발현되어야 하는가?
⑥ 세계화 이데올로기의 전파가 어떻게 강대국 또는 패권국의 민족주의와 연결되어 있는가?
⑦ 패권국 문화를 강요하는 세계화의 일방적 흐름 속에서 약소국의 고유문화나 민족 정체성을 어떻게 유지할 것인가?
⑧ 강대국들의 환경 조건 강화 요구에 약소국들은 어떻게 대처해야 할 것인가?
⑨ 강대국들의 지배 전략에 대처하기 위해 약소국들은 어떤 방식으로 국제적 연대를 모색해야 할 것인가?
⑩ 세계화는 패권국의 세계 지배 전략의 구실을 수행하는가? 만약 그렇다면 '깡패 국가'들의 존재와 행동을 어떻게 평가할 것인가?

이런 문제들이 강대국이 주도하는 기존의 세계화론과 민족주의론에서 본격적으로 다루어지지 않고 있음은 명백하다.

5. 약소국 시각의 기본 방향

따라서 이 문제에 대한 약소국 고유의 시각을 정립해야 한다. 여기서 이를 본격적으로 다루기는 어렵고, 이를 위한 원칙을 제시하는 데 그치고자 한다. 그 원칙들은 다음과 같다.

첫째, 약소국 사람들은 세계화를 보는 분석 단위를 세계체제 단위가 아니라 행위자 단위로 삼을 필요가 있다. 그래야만 약소국과 강대국의 관계가 분명히 드러나고 세계화가 약소국에게 미치는 영향을 본격적으로 연구할 수 있다. 이런 차이는 예를 들어 종속이론과 세계체제론의 차이와 비슷하다. 둘 다 자본주의 세계체제에 근본적으로 비판적이지만, 종속이론은 주변부 이론인 반면에 세계체제론은 그야말로 세계체제에 관한 이론이고 또 중심부에 치중하는 이론이다. 이론적 완성도와는 별도로, 세계체제론이 주변부의 정치경제에 대해 말해줄 수 있는 것은 종속이론보다 명백히 적다. 그러나 동시에 종속이론을 더 발전시키기 위하여 세계체제론의 연구 성과들을 활용해야 한다. 작은 단위를 다루는 약소국 세계화론–민족주의론을 정립하기 위해 더 큰 단위를 다루는 영미의 이론들을 활용해야 한다는 말과 같다.

둘째, 개념을 사용할 때 서구의 경험에서 나온 서구식 개념 규정을 그대로 따라서는 안 된다. 주변부나 약소국의 경험에 부합하는 개념 규정을 할 필요가 있다. 대표적인 예를 들자면 '민족'의 개념을 들 수 있다. 서구의 민족 형성과 한국의 민족 형성의 과정은 매우 다르다. 서구에서와는 달리 한국에서는 전근대 시대에 이미 민족이 존재했다. 이 경우뿐 아니라 모든 주요 개념들과 이론들이 약소국의 경험에 부합하는지에 대해 면밀히 검토해야 한다.

셋째, 세계화가 약소국에게 미치는 영향에 대해 그 긍정적 기능과 부정적 기능을 명확히 인식할 필요가 있다. 세계화론에 비판적인 경우에는 물론이고, 세계화론을 지지하는 경우에도 그것이 자기 국가나 민족에게 미칠 영향과 이에 대한 대응책을 중심으로 보아야 한다. 초국가적 기업 이익에 추종하여 개인적 이익을 좇는 사람들이 약소국 또는 주변부에서 증가하는데, 이는 그 지역 안의 정체성에 혼란을 가져온다. 이런 정신적, 경제적인 '무국적자'가 많아지는 현상은 약소국의 대외 종속을 심화시킨다.

이상은 세계화를 볼 때 약소국 주민들이 가져야 할 기본적인 '인식 방법'에 관한 것이었다. 더 구체적인 '내용'에 대해서는 다음과 같은 문제의식들을 가질 것을 권고한다.

첫째, 세계화는 지금과 같은 획일적 세계화가 아니라 다원적 세계화여야 한다. 지금 진행되고 있는 신자유주의적 세계화는 미국 문물이 세계를 제패하는 도구가 되었다.[31] 획일적인 시장 경제 논리와 미국 문명의 세계적 전파, 그리고 이에 따른 국내외적 불평등의 확대와 지구 환경의 파괴가 세계화라는 이름으로 자행되고 있다. 무엇보다 약소 지역의 주권을 약화시키고 정체성을 훼손하는 전세계의 '미국화'를 세계화라는 이름으로 정당화해서는 안 된다. 진정한 세계화는 세계 각지의 문물이 다양하고 공정하게 어울리는 다원적 세계화여야 한다. 그 근본 바탕은 세계의 각 민족 및 국가의 주권과 문화, 존엄성을 인정하고 이들 사이의 공정한 교류를 보장하는 일이다. 물론 힘이 지배하는 현실 세계에서 다원성에 바탕을 둔 세계 구성원들의 공존이 이상에 그칠 수도 있다. 그러나 약소국 주민이 자신의 정체성과 주체성을 지키기 위해서는 이러한 다원성에 바탕을 둔 공존공영을 추구할 수밖에 없다.

둘째, 그렇다고 약소국 주민이 맹목적으로 민족주의만을 고집할 수는 없다. 민족주의에 폐단이 있는 것은 분명한 사실이고, 국제사회에서 맹목적 민족주의가 통할 리도 없다. 대외적 배타성-폐쇄성과 대내적 억압의 가능성이 언제나 있다. 이런 점은 정치적-도덕적인 문제를

31) 강치원, 『세계화와 한국 사회의 미래: 신자유주의적 세계화와 미국, 그 대안은 없는가』(서울: 백의, 2000).

제기하기도 하지만, 약소국의 이익을 모색하는 데에도 잘못하면 방해가 될 수 있다. 따라서 문제는 이러한 민족주의의 폐해를 어떻게 줄일 것이냐에 있는데, 간단히 말하자면, 많은 사람들이 말하듯 열린 민족주의를 추구해야 한다. 열린 민족주의란 말은 민족주의가 본질상 어느 정도 배타적일 수밖에 없다는 점에서 형용모순으로 보일 수 있다. 그러나 그렇지 않다. 우선 민족주의의 배타성도 정도 문제이며, 민족 내부의 결속이 반드시 다른 민족과의 대립을 가져온다는 법도 없다. 민족주의가 배타적 대립성을 줄이기 위해서는 다른 민족의 같은 권리를 인정하고 거기서 협력이나 거래 또는 심지어 대립이 출발해야 한다. 따라서 열린 민족주의의 핵심은 민족의식의 약화라기보다는 '상대방의 같은 권리 인정'이다. 이런 열린 민족주의는 결코 형용 모순이 아니라 실현가능한 현실적 과제다.

민족주의를 '연다'는 것의 또 다른 의미는 대내적 획일성의 배제와 다양성 추구에 있다. 민족 안의 다양한 구성원들의 존재를 인정하고 특히 사회적 약자를 핍박하지 않고 보호하는 일이 중요하다. 민족주의의 폐해로 지목되는 억압성이나 폐쇄성을 극복하기 위해 민족 안과 밖 모두에서 다양성을 지향해야 한다. 민족의 정체성과 주체성을 유지하면서 동시에 다양성과의 조화를 모색하는 것, 이것이야말로 열린 민족주의의 핵심이며, 이런 열린 민족주의가 다양한 민족 사이의 공존을 도모하는 다원적 세계화와 자연스럽게 결합하는 것이다.

셋째, 강대국이 지배하는 세계에서 위와 같은 목표를 달성하기 위해 약소국은 자신의 국가 이익과 전지구적 협력을 잘 계산하여 행동해야 한다. 자신의 이익을 실현하기 위해서는 자주적인 대외 정책을 펼쳐야 하고, 이를 위해 다양한 국제 협력을 모색해야 한다. 우선 약소국끼리의 연대를 모색하고 국제연합 등 국제 정부 기구들을 잘 활용함으로써 국가 이익을 도모할 수 있다. 세계화의 부정적인 모습을 고치고자 하는 반세계화 시민 연대들과도 협력해야 하며, 각 지역의 권역별 연대도 모색해야 한다.32) 사안에 따라 다양한 연대를 모색하고, 이를 통해 세계적 차원의 협력에 입각하여 세계화가 야기하는 국제적 불평등을 개선해야 한다. 물론 강대국들과의 관계도 적절히 잘 조정하면서 이런 목적을 이루어 나가야 할 것이지만, 다시 관건은 어떻게 강대한 권력의 압박 속에서 자신의 권리를 관철할 것인가에 있다. 이를 위해 역시 위에서 말한 다양한 연대를 활용해야 하는 것이다.

라. 맺는 말

영-미 중심의 주류 세계화론이나 민족주의론은 강대국과 약소국의 관계를 고려하지 않고 약소국의 권리나 정체성 문제를 경시하거나 무시하는 공통점을 보인다. 그러나 강대국과 약소국의 처지는 다르고, 이들에게 제기되는 문제들도 다르다. 약소국에게는 강대국에 없는 고유한 문제가 중요할 뿐 아니라, 보편적인 문젯거리, 예를 들어 국경의 약화 여부도 강대국과 약소국에게 미치는 영향이나 의미가 서로 다르다. '보편적'인 문제의 '특수성'이 강대국과 약소국에 각각 따로 존재하는 것이다.

세계화는 분명히 강대국에서 촉발된 현상이고 이념이다. 이것이 약소국, 약소 민족에게 미치는 정치적 영향은 엄청나다. 이미 강대국 특히 미국 자본과 세계 전략의 수단으로 변질된 세계화 이데올로기가 약소국 민족주의나 주권에 가하는 압박이 매우 크다. 강대국의 세계화론과 민족주의론은 대체로 이 문제에 무심하거나 약소국 민족주의에 대해 부정적이다. 강대국 주민의 처지를 그대로 반영하기 때문이다. 이러한 압박 속에서 약소국 주민들은 자신의 주권과 자존을 유지하면서 세계화의 과실 따먹기에 참여할 구체적인 방법을 모색해야 한

---

32) Ash Narain Ray, *The Third World in the Age of Globalization: Requiem or New Agenda?* (Delhi: Madhyam Books, 1999).

124 우리 정치학 어떻게 하나?

다. 그 원칙은 위에서 제시한 바와 같다.

간단히 말해서, 세계화를 지금의 획일화가 아닌 다원화의 방향으로 이끌어야 하고, 민족주의의 부정적 폐해를 줄이면서 동시에 민족 정체성을 유지해 나가야 한다. 이 둘은 자연스럽게 결합되는 동전의 양면과 같다. 올바른 세계화와 올바른 민족주의는 배치되기는커녕 오히려 한 몸이 된다.[33] 이를 위해 세계화와 민족주의에 관한 약소국 나름대로의 시각을 정립하는 것이 반드시 필요하다.

---

33) 김영명 (2002), 제4장 참조.

제5장

한국 정치와 정치사상

이 장은 정치사상 연구가 한국 정치 문제를 좀더 본격적으로 다루어야 한다는 문제의식에서 출발한다. 지금까지 한국의 정치사상 연구는 주로 서양의 정치철학을, 때로는 동양과 한국의 옛 사상들을 해설하는 수준에 머무르고 우리 자신의 문제에 대한 성찰은 제대로 하지 못했다.

현대 한국 정치사상에 대한 연구가 있었다면 그것은 한국 민족주의나 보수주의, 자유주의 등을 큰 테두리로 놓고 그것의 특징이나 그 빈곤을 지적하는 데 머물렀고, 더 세부적인 쟁점들에 대한 탐구에 이르지는 못했다. 하지만 이제는 우리의 정치철학자들이 '지금 여기 우리'의 문제를 정면으로 다루어야 할 때가 되었다. 이 장은 이러한 점을 강조하면서, 한국의 정치철학자들이 탐구해 주었으면 하는 문제들을 제시하려고 한다.

가. 한국 정치사상 연구의 아쉬움

한국 정치사상의 연구는 크게 두 갈래로 나누어진다. 하나는 주류로서, 서양의 정치철학을 공부하고 해설하는 것이다. 다른 하나는 비주류로서, 서양 정치철학에 대한 의존을 탈피하기 위해 동양과 한국의 정치사상적 전통을 찾는 일이다.

두 갈래 모두 동서양 정치철학이 한국의 지금 현실에서 가지는 의미를 염두에 두고는 있으나, 이를 제대로 탐구해 온 것 같지는 않다. 두 갈래 모두 정치철학의 보편적 문제들을 다루고 있으나 동시에 모두 해당 철학자들이 살던 곳과 때의 문제들에서 출발하였기 때문에, 때와 곳이 다른 지금 한국의 현실을 제대로 담고 있지 못하고 있다.

서양 철학의 경우는 말할 것도 없거니와, 동양이나 한국의 고전을 다루는 경우에도, 이것이 현재 한국의 문제를 이해하거나 해결하는 데 어떻게, 또 어느 정도 이바지할 수 있을지에 대해서는 본격적인 관심이 부족하다.

실제로 연구자가 이 문제에 본격 관심을 가지더라도 우리에게 유용한 교훈이나 지침을 끌어내는 데 한계가 있을 것은 당연하다. 상황과 문제가 지금 여기와 서로 다르기 때문이다. 공자나 맹자의 가르침에서 지금 우리의 정치 문제에 대한 지혜나 개선 방안을 어떻게 끌어낼 수 있을 것인가?

어려운 문제가 아닐 수 없다. 심지어 '우리' 곧 한국에 초점을 맞추어 예컨대 정약용의 토지 개혁 방안인 '여전제'를 연구한다고 해도, 그것이 지금 우리가 지닌 땅 문제와 거기서 파생하는 정치 문제들에 어떤 도움을 줄 수 있을 것인가? 간접적인 도움일 수밖에 없다.

이렇게 말한다고 하여 내가 공자나 맹자의 철학을 연구하거나 정약용의 정치사상을 탐구하지 말자고 말하는 것은 물론 아니다. 플라톤의 정의관도 루소의 '자연으로 돌아가자'는 철학도 물론 공부해야 한다. 하지만 여기서 지적하는 문제는 우리의 정치사상 연구가 아직도 이들, 곧 지금 우리가 아닌 사람들의 사상을 이해하고 해설하는 데 머무르고 이를 이용하여 우리의 문제를 집어내고 개선책을 추구하는 데까지 이르지 못하고 있다는 사실이다.

그러면 상황이 왜 이럴까? 그 까닭으로 가장 쉽게 생각할 수 있는 것은 연구자가 부족하고 연구의 역사가 오래되지 않은 점, 다시 말해 정치사상 연구의 연륜이 부족하다는 점이다. 이 말은 연륜이 쌓이고 연구자가 많아지면 자연히 외국 것이나 과거 것을 습득하고 이해하는 수준에서 한 걸음 더 나아가 우리의 문제를 우리의 말로 연구할 단계에 이를 것이라는 예측을 전제로 한다.

그럴지도 모른다. 그런데 내가 생각하는 이유는 좀더 근본적이다. 내 생각으로는 무언가 상당한 변화가 오지 않으면 세월이 지나도 사정은 나아질 것 같지 않다. 그 변화란 문제에 접근하는 방식을 바꾸는 것이다.

한국의 정치사상은 외국이나 한국 고전의 교재(텍스트)에서 나올 것이 아니라 한국 정치의 현실에서 나와야 한다. 한국 정치의 실제 문제가 무엇인지, 그리고 그것이 어떤 철학적 의미를 지니고 있는지를 탐구해야 한다. 정치철학의 고전적 쟁점들인 자유, 평등, 정의, 민족, 국가, 세계, 인권, 공동체 등의 문제들이 한국의 상황에서 어떻게 나타나는지, 이와 관련된 쟁점들은 어떤 것들이 있는지, 또 이런 쟁점들을 어떻게 해결해야 한국 정치와 한국 사람들의 삶을 향상시킬 것인지가 으뜸 탐구 영역이 되어야 한다.

우리에게는 선진국과 비슷한 문제들도 많지만 고유한 문제도 많고, 비슷한 문제라고 하더라도 구체적인 상황은 다르다. 그 다른 만큼을 우리가 주체적, 독창적으로 풀어나가야 한다. 지금까지 이런 점에서 크게 미흡했다.

다른 사람의 텍스트를 가지고 연구하는 한 그 텍스트의 내용과 그것이 나오게 된 현실을 떠나기 어렵다. 존 롤스가 미국과 같은 선진 자본주의 사회를 대상으로 쓴 『정의론』은, 그것이 아무리 훌륭한 현대의 고전이라고 하더라도, 그런 사회경제적 토대를 갖지 못한 한국의 현실을 이해하거나 개선하는 데 큰 기여를 하지 못한다. 공자의 유교 가르침이 아무리 훌륭하고 주자학의 형이상학이 아무리 심오해도 한국 민주주의의 옳은 방향을 탐구하는 데 별 도움을 주지 못한다.

한국 정치사상의 문제는 옛사람이나 외국 사람의 글에서 나오는 것이 아니라 지금 한국의 현실에서 나와야 한다. 그런 글들은 그 현실을 좀 더 깊이 이해하는 길잡이 역할을 하는 데 그쳐야 한다. 물론 사람에 따라서는 현실 문제 자체보다는 정치철학의 여러 이론적인 쟁점들을 깊이 연구하는 데 더 흥미를 느낄 수도 있다. 그것은 그 자체로 가치 있는 일이다. 하지만 그런 사람들이 깊이 연구한 결과를 다른 사람이라도 현실에 적용하여 우리의 문제를 탐구하는 데 이용해야 한다.

물론 보편적인 문제들을 한국 상황에서 탐색하고 그럼으로써 한국의 정치사상 문제를 탐구하는 것도 한 방법이 될 수 있다. 예를 들어 자유와 평등 사이의 갈등은 세계에 보편적인 문제다. 그런데 이런 문제를 탐구할 때 서양 사람들의 텍스트에 따라 서양의 현실로 이해하지 말고, 한국 상황에 이 문제를 적용하는 것이다. 이를테면 부유세, 수도권 공장 종량제, 종합토지세 등등의 한국 문제를 자유와 평등의 관점에서 따져보는 것이다. 이런 식으로 서양 정치철학의 쟁점들을 한국에 적용하는 경우들이 있는지 글쓴이로서는 잘 모르겠다. 어쨌든 있다고 하더라도 이런 방식의 연구가 한국 정치철학자들의 주된 관심사라고 할 수는 없을 것 같다.

더 중요한 방식은 위에서 말한 대로 우리의 현실 문제에서 철학적 탐구의 대상을 끌어내는 것이다. 이때 물론 이미 진행된 동서양의 정치철학 연구를 이용할 수 있다. 이 방식은 한국의 문제를 정치철학적으로 탐구한다는 점에서 위의 방식과 비슷하지만, 출발점과 사고의 진행 방향이 반대라는 점에서 다르다.

다시 말해, 위의 것은 외국 이론에서 한국의 문제를 끌어내는 것이고, 아래의 것은 한국의 문제에 거꾸로 외국 이론을 들이대는 것이다.

앞의 것도 의미가 있기는 하나 외국의 현실을 한국의 현실로 착각하게 만들기 쉽다. 그보다는 뒤의 방식을 택할 때 더 한국적인 문제와 한국적인 논의가 나올 수 있다. 이런 방식의 논의가 풍부하게 되면 한국에서 나온 정치철학 이론을 다른 곳에 적용하는, 정치 이론의 수출로까지 나아갈 수 있다.

그런데 문제는 이런 방식을 택할 때 적당한 외국 이론이 존재하지 않아서 한국 안에서 이론이나 철학 명제를 만들어야 하고 그 바탕이 충분하지 못한 현실 때문에 깊거나 세련된 논의를 만들기 어렵다는 점이다. 바로 이런 까닭으로 한국의 정치학자들이 고유한 문제와 고유한 분석에 매달리기를 꺼려한다.

실제로 위 둘 중 어느 방식도 우리의 정치사상 연구에서 핵심 자리를 차지하지 못하고 있는 것이 현실이다. 우리 자신의 문제를 제대로 인식하고 탐구하지 못하는 것은 한국 정치사상 연구의 치명적인 결함이다.

글쓴이는 정치사상 전문가가 아니므로 더 이상 이에 대해 말하지 않으려고 한다. 단지 한국 정치를 연구하고 이와 관련된 여러 사상적인 문제들에 관심 있는 '옆 동네'의 한 사람으로서 정치사상 연구자들이 탐구해 주었으면 하는 문제들을 제시하고자 한다. 아래에 열거한 문제들의 일부라도 철학자나 사상 연구가들이 본격 탐구해 주면 한국 정치를 연구하는 사람으로서 큰 도움이 될 것이다. 물론 이 문제들은 글쓴이의 관심사들이고, 다른 중요한 문제들도 얼마든지 있을 수 있다.

아래의 문제들은 주로 정치적·도덕적 선택에 관한 것들로 보인다. 무엇보다 선택의 기준이 중요할 것이다. 선택을 결정하는 요인은 각자 가진 가치관의 차이, 효용에 대한 기준의 차이, 실현가능성에 대한 판단 차이 등이 될 것이다. 그러므로 반드시 당위에 관한 문제라고는 할 수 없고, 경험적인 분석이 따라야 하는 문제들이 많다고 할 수 있다.

나. 정치사상으로 본 한국 정치의 쟁점들

1. 사회 · 정치적 가치 실현에 관한 문제들

1) 과거사 청산과 안정

요즈음 특히 노무현 정부 들어 과거사 청산의 목소리가 높아졌다. 이에 대해 경제 · 사회 안정의 이유를 들어 반대하는 목소리도 만만찮다. 이 두 가치 가운데 어느 것을 선택할 것인가? 과거사 청산의 윤리적 근거는 무엇인가? 과거사를 청산한다면 어느 정도로 청산해야 하며, 어느 정도의 사회 안정을 '안정'으로 여길 것이며, 어떤 기준으로 이를 판단할 것인가? 과거 청산의 시도는 사회적 혼란과 경제 불안을 가져오는가? 만약 그렇다면 어느 정도의 혼란과 불안을 과거 청산의 명분으로 용납할 것인가?

과거 청산은 크게 친일 청산과 군사 독재 잔재의 청산으로 이루어진다. 역사적 당위로 보면 과거 청산은 당연한 일이지만 현실이 간단하지는 않다. 무엇보다 과거의 기득권 세력이나 추종 세력이 여전히 한국 사회의 주류이거나 그 일부이기 때문에 여러 가지 방법과 논리로 과거 청산을 거부하기 때문이다. 그래서 이는 과거 청산 세력과 과거 잔존 세력의 힘겨룸으로 나타날 수밖에 없다. 이런 힘겨룸 자체는 정치사상의 문제가 아니다. 그러나 이러한 힘겨룸 상황 속에서 실제로 과거 청산을 시도할 때 일어나는 정치 · 사회 · 경제적인 혼란과 불안과 과거 청산의 필요성 사이에서 손익 계산을 어떻게 할 것인가는 정치사상의 탐구 대상이다.

2) 개혁과 안정

개혁과 안정의 문제도 마찬가지다. 정치 · 경제 개혁은 민주화 이후 계속되는 구호가 되었다. 그 구호가 너무 오래 이어져서 많은 사람들이 식상하고 있기도 하지만, 그 자체가 개혁이 제대로 안 되었다는 증거이기도 하다. 과거 청산과 마찬가지로 사회경제적 개혁도 과거의 기득권과 제도, 관행을 '청산'하고 새로운 것으로 대체해야 이루어진다. 그 과정에서 수구 세력과 개혁 세력의 힘겨룸이 일어날 수밖에 없고, 그것은 사회·정치·경제적인 혼란을 가져올 수 있다.

그러면 어느 정도까지 개혁을 추진해야 하며 어느 정도까지 혼란이나 불안을 용인할 것인가? 개혁이 최상의 가치인가? 그게 아니라면 거꾸로 경제 성장과 안정이 최상의 가치인가? 경제 불안의 우려 때문에 개혁을 포기해야 한다면 경제가 호황일 때만 개혁이 가능한가? 개혁의 가치가 어느 정도까지 사회 불안이나 물질적 손해를 상쇄할 수 있는가?

3) 다양성–민주성과 국민 통합 또는 국론 분열: 정치·이념 대립의 한계선은?

한국 사회에는 이념적 획일성이 팽배하다. 남북한 대치 상황과 오랫동안의 독재 때문이다. 그뿐 아니라 민족적·문화적 단일성도 이념적 획일성에 이바지했다. 이런 한국 사회에서 다양성은 어느 정도까지 허용될 수 있는가? 특히 한국에 특유한 문제로, 좌경·용공 사상과 행동을 어느 선까지 허용할 것인가? 공산당을 용인할 수 있는가? 김정일이나 북한 체제에 대한 긍정적 평가는 사법 처리의 대상이 되어야 하나? 만약 그렇다면 어느 정도까지의 긍정적 평가가 사법처리의 대상이 될 것인가?

이런 문제는 구체적으로 국가보안법 개정·폐기 문제로 나타난다. 이는 정당들 사이의 힘 겨루기뿐 아니라 한국 정치 이념의 허용 범위를 정하는 매우 중대한 사안이라고 할 수 있다. 그런데 열린우리당과 한나라당은 이 문제로 힘 겨루기를 하고 있기는 하나 그 이념적 격차가 그렇게 커 보이지는 않는다. 폐지하자는 쪽도 형법으로 대체하자는 것이니 아예 처벌 조항을 없애자는 것은 아니고, 유지하자는 쪽도 악용 여지가 있는 조항은 삭제하자고 하기 때문이다.

한국 정치 이념의 폭이 넓어지고 있는 것은 사실이나, 한계가 뚜렷한 것도 사실이다. 한국에서 정치 이념의 다양성은 어디까지 허용할 것인가? 또 누가 허용할 것인가? 국가가 법으로 정하면 그것으로 정당성의 판단이 끝나는 것인가?

4) 경제 성장과 민주주의-독재

세계 어디서든 초기 산업화는 정치적 독재와 함께 일어났다는 주장이 강하다. 서구나 후발국 모두에서 그랬다. 그런데 다시 보면 산업화의 시기는 민주주의 발전의 시기와 일치하거나 겹쳤다. 또 미국에서는 독재를 거치지 않고 산업화를 이루었다. 그러니 초기 산업화가 반드시 정치적 독재를 동반했다고 보기는 어렵다. 그러면 한국의 경우는 어떤가? 대한민국 건국 후에 민주주의를 도입하였으나 산업 성장은 제대로 이루지 못했다. 초기 산업 성장은 오히려 일제 지배와 박정희 정권의 독재 속에서 급속히 이루어졌다.

그렇다면 그래서 박정희의 독재를 경제 성장에 필요한 것이었다고 정당화할 수 있을까? 그렇지 않더라도, 독재는 나빴지만 경제 성장의 업적이 더 컸다고 정당화할 수 있을까? 한국에서 초기 산업화와 민주주의가 양립할 수 없었을까? 만약 양립할 수 없었다면 어느 것을 선택했어야 했을까? 그 순서가 선택의 문제였을까 아니면 역사적인 필연이었을까? 다시 말해 당시의 역사적 조건이 민주주의는 할 수 없는 조건이었고 경제 성장은 할 수 있는 조건이었을까? 그 순서가 객관적 조건에 따른 것이었다면 독재에 대한 도덕적인 비판은 성립할 수 없는 것일까?

5) 시장 원리는 어느 분야에 어느 정도까지 적용되어야 하나?

시장 원리는 요사이 사회 모든 분야에 침투하고 있다. 도덕적 지배력까지 갖춘 느낌이다. 시장 원리는 어느 분야에까지, 각 분야에서 어느 정도까지 적용해야 할까? 시장 원리는 이윤을 추구하는 상업성의 원리다. 각 분야에서 상업성의 원리와 공공성 가운데 어느 것을 무슨 기준으로 어느 정도로 채택해야 할까? 둘을 조화시킬 수 있는 방법은 있는가?

시장 원리는 일차적으로 시장에, 그리고 경제 부문에 적용하는 것이다. 그런데 그것을 정치, 교육, 문화, 환경의 분야들에도 적용하려는 세력이 강하다. 그것을 어떻게 정당화할 수 있는가? 또 그것을 어떤 논리로 비판할 수 있는가?

6) 민족 정체성의 유지에는 독재가 더 유리한가, 민주주의가 더 유리한가?

박정희는 독재 유지의 한 방편으로 민족 문화를 진흥시켰다. 또 다른 독재자 전두환도 '국풍 81'을 개최하는 등 민족 문화를 강조했다. 그 반면 민주주의자 김대중은 신자유주의를 채택하여 민족 문화를 경시하고 쇠퇴시켰다.

그러므로 민족 문화의 진흥은 독재의 도구라고 할 수 있나? 민주주의자는 개방론자이고 그래서 민족 문화를 경시하게 되나? 하지만 독재 시절 민중·자주 운동가들도 전통 문화를 중시했고 이를 진흥시키기 위해 노력했다. 탈춤 부흥 등 민족 문화 운동이 반독재 정치 운동의 수단이 되기도 했다.

이렇게 보면 독재 세력과 반독재 세력이 모두 전통 문화를 자기의 정치적 목적을 위해 이용했다고 할 수 있다. 그러면 전통 문화는 특정 정치체제와 특별한 관계에 있는 것이 아니라 어느 정치체제와도 편의에 따라 결합할 수 있는 것인가?

비슷한 문제로, 민주화 이후에 대외 개방이 더 급속히 진행되었다. 그러면 민주주의는 대외 개방과 필연적인 관계에 있는 것인가? 그래서 대외 개방은 반드시 민족 문화를 쇠퇴시키나? 만약 그렇다면 대외 개방과 민족 문화 둘 중 어느 것을 더 중시해야 하나? 지금은 당연히 전자인 것처럼 되어 있지만, 그것이 반드시 당연한 일인가?

더 일반적인 문제로, 신자유주의 세계화는 한국 민주주의와 어떤 관계가 있나? 그것은 개방과 경제적 자유를 더 촉진시키므로 민주주의에 유리한가, 아니면 국내외적 불평등을 심화시키므로 민주주의에 역행하는가? 한국의 경우 어느 쪽의 경향이 더 우세한가?

7) 한국에서 자유는 어느 정도까지 제한되어야 하나?

이 문제는 앞의 것과 비슷하다. 개인의 자유 문제는 사회 윤리와 정치 이념의 두 측면으로 나눌 수 있다. 간통제 같은 것이 한국에 특이한 대표적인 사회 윤리의 문제다. 이는 정치사상의 연구 분야는 아니다. 우리 사회에서 특히 정치적 자유와 관련되는 문제는 북한과 관련된다고 볼 수 있다. 이는 위에서 본 이념적 다양성의 문제와 동일하다.

8) 한국 보수주의와 급진주의의 계보와 지향점

한국 사회·정치에서는 보수주의가 지배적인 자리를 차지해 왔다. 그 보수주의의 정체는 무엇인가? 자유주의인가? 가부장주의인가? 반공주의인가? 유교인가? 그러한 보수주의가 우리 사회에 어떻게 자리 잡았으며 어떻게 발전해 왔는가? 사상적으로 얼마나 체계화되었는가? 대표적인 이론가는 누구이며, 정책적 실천가는 누구인가?

같은 물음을 급진주의에 대해서도 던질 수 있다. 한국의 급진주의는 언제나 소수세력으로 박해를 받았지만, 꾸준히 지속되었고 사회와 정치에 미친 영향이 작지 않았다. 한국 급진주의의 성격은 어떠하며 어떤 사람들이 주도하였으며, 그 성격을 어떻게 변해 왔는가? 한국에서 보수주의와 급진주의의 관계는 어떻게 변해 왔으며, 앞으로 어떻게 자리매김해야 할까? 한국 민주주의와 보수주의-급진주의는 각각 어떤 관계에 있으며 어떤 관계를 맺어야 할까?

9) 한국 민주주의의 성격과 지향점

한국 민주주의의 궁극적인 지향점은 어디인가? 서구의 개인주의적 자유민주주의인가? 그 가운데서도 미국식의 자유민주의인가 아니면 유럽식의 조합주의, 사회민주주의가 가미된 체제인가? 만약 서구식이 우리에게 맞지 않다면 이른바 '아시아적 민주주의'가 우리에게 맞는 체제인가? 아시아적 민주주의는 민주주의의 이상에 얼마나 부합하는 체제인가? 한국 자본주의가 지향하는 영미식 모델이 과연 한국 민주주의의 발전에 얼마나 이바지할 것인가? 유교 문화는 민주주의의 걸림돌인가, 만약 아니라면 그것을 한국 민주주의에 어떻게 활용할 수 있나?

2. 대외 관계

1) 대외 의존과 자주, 그리고 국익

노무현 정부 들어 대외 관계에서 과거보다 자주적인 태도를 취하고 있다. 대외 관계에서 '자주' 노선이라고 하면 어떤 것을 말하는가? 외국의 간섭을 전혀 받지 않는 순수 자주를 말하는가? 그것이 불가능하다면 어느 정도의 자주를 우리는 자주라고 말할 것인가?

다시 말해 대외 의존과 자주 사이를 구분하는 기준은 무엇인가? 구체적인 보기로, 한미 동맹을 파기하고 중국, 미국, 러시아 사이에서 중립 외교를 펼치는 것이 자주인가, 아니면 한미 동맹 안에서 사안 별로 미국에 대해 독자적인 주장을 하는 것도 자주적인 노선인가? 다른 보기로, 1970년대 초에 미국이 주한 미군을 감축하겠다고 하자 한국 정부는 미국 정부에 항의하였다. 이런 한국 정부의 행동은 자주적인가 의존적인가?

안보를 미국에게 의존하겠다는 점에서는 의존적이고, 미국 정부의 결정에 반기를 들었다는 점에서는 자주적이라고 할 수 있다. 그러면 이 둘을 종합하면 어떻게 판단해야 하나, 다시 말해 자주와 의존 가운데 어느 쪽이 더 강했는가 또는 본질적이었는가?

2) 민주화나 인권 향상을 위한 외국의 개입을 어느 정도까지
받아들일 것인가?

또는 어느 정도까지 주체적으로 수용하거나 거부할 수 있는가? 이
는 가치(당위)와 능력 모두가 해당되는 문제다. 1970년대 말에 카터
미국 대통령이 한국을 방문하자 당시 야당이던 신민당 대표들이 카터
더러 박정희 대통령에게 민주화의 압력을 가해달라고 요청했다. 외국
대통령에게 노골적으로 내정 간섭을 요청한 이들의 행위를 사대적이
라고 비난해야 할 것인가 아니면 민주주의를 위한 올바른 행동이었다
고 칭찬해야 할 것인가?

구한말 조정이 천주교를 박해하자 신도였던 황사영은 밀서를 보내
프랑스 군대가 개입해 주기를 요청했다. 그 밀서가 발각되어 그는 사
형을 당했다. 그의 행동을 어떻게 평가해야 할 것인가? 종교 자유의
가치를 앞세울 것인가, 아니면 주권이라는 다른 가치를 더 중히 여길
것인가? 어느 하나를 희생시키지 않고 둘 다 추구할 방법은 없었는가?

이런 문제를 강대국의 입장에서 보면 이른바 '도덕적 개입'의 문제
가 된다. 그래서 미국 정치학계에서는 인권을 탄압하는 국가에 군대
를 보내 탄압 정권을 무너뜨리고 민주 정권을 세우는 것이 정당한가
에 대한 논란을 벌인다. 그런데, 이럴 경우, 지금의 부시 정권이 이라
크에서 했던 것처럼, 강대국은 인권이나 민주주의의 명분을 자신의
물질적 이익을 위장하는 수단으로 흔히 이용한다. 이 둘의 관계를 어
떻게 판별해야 할 것인가?

3) 부국강병을 하면 주권을 더 잘 지킬 수 있나?

나라를 지키기 위하여 부국강병을 해야 한다는 것이 진리처럼 되어
있는데, 그런 원리라면 모든 나라들이 부국강병을 할 것이고, 그 가운
데 큰 나라들이 더 잘할 것이다. 약소국과 강대국이 같이 부국강병을
하면 둘 사이의 힘의 격차가 더 커지게 된다. 그러면 약소국의 안위는
오히려 더 위태롭게 되기 쉽다.

그래서 다음과 같은 물음이 생긴다. 약소국은 어느 정도까지 부국강병을 시도해야 하나? 부국강병이 현실주의 정책의 주요 수단이라면, 부국강병을 통해 힘센 나라가 약한 나라를 침략하거나 지배하는 현상을 비난할 수 있는가? 일본이 조선을 병합한 것을 현실주의 부국강병론에서 어떻게 비판할 수 있는가? 더 일반적으로, 부국강병이 약소국, 약소 민족의 안위를 보장할 수 있는가? 만약 그렇지 않다면, 약소국이 부국강병의 현실주의 국제정치관을 받아들이는 것은 자기 무덤 파기인가? 현실주의론이 부적합하다면 약소국의 안위와 주권을 보장할 사상적 근거는 무엇인가?

4) 주권과 국익, 주권과 발전

노무현 정부가 대외 관계에서 과거와는 조금 다른 태도를 보이자 보수세력들이 국익을 해치는 행위라고 비판하였다. 그러면 국익, 곧 국가 이익이란 무엇인가? 그것은 어떤 요소들로 구성되며 그 요소들 가운데 어느 것이 가장 중요한가?

첫째는 안보일테고, 둘째는 경제적 이익일 것이다. 거기에 국가의 위신과 문화적 이익 등 다양한 이익들이 추가된다. 하지만 안보가 첫째로 중요하다고 하여 언제나 안보가 가장 먼저 고려되어야 하는 것은 아니다. 왜냐하면 특정 상황에서 안보는 별 위협을 받지 않는 반면 주권이나 위신 등 다른 요소들이 더 크게 위협받는다면 그 다른 요소들을 먼저 고려해야 하기 때문이다. 주한 미군 지위에 관한 협상을 할 때, 안보 위협을 먼저 고려해야 하는지 아니면 주권을 먼저 고려해야 하는지가 논란거리가 되었다. 이때도 주한 미군의 지위 변화가 안보 상황에 어떤 영향을 미치며, 또 대한민국의 주권과 위신에는 어떤 영향을 미치는지를 면밀히 계산하여야 한다.

그런데 이런 계산을 해야 하는 것은 누구나 아는 사실이고, 문제는 사람에 따라 그 계산법이 다르다는 데 있다. 여기에는 국내외 정세에 대한 각자의 판단과 미국에 대한 각자의 태도가 큰 구실을 한다.

그런데 한미 관계에 대한 한국 사람들의 평가는 합리적인 계산보다는 심리적이고 주관적인 요소가 더 큰 작용을 할 때가 많은 것 같다. 이런 주관성의 문제는 주권과 발전의 관계에서도 마찬가지로 존재한다.

시장 개방을 어느 정도까지 하는 것이 경제 발전에 유리할 것인가, '경제 주권'은 어느 정도까지 중요한가? 경제 주권은 경제 효율성과 반드시 배치되는가? 배치된다면 어느 가치를 어느 정도까지 추구해야 할 것인가? IMF가 권고한 자본 시장 개방과 구조 조정을 한국 정부가 무조건 따른 것은 과연 옳은 일이었는가? 그 경제적 효과를 따지는 것은 경제학의 영역에 속하겠지만, 그것이 내포한 주권과 효율의 관계를 따지는 것은 정치철학의 영역에 속한다고 할 수 있다.

5) 보수 우익과 민족주의-사대주의의 관계

왜 한국의 보수 우익은 사대주의에 기울고, 오히려 진보 좌파가 민족주의에 기우는가? 이는 한국의 분단 상황 때문이라고 할 수 있다. 그러면 남북한 화해가 진행되고 이념이 비교적 다원화되면 보수 우익이 본연의 자세로 돌아와서 국수주의적 민족주의를 표방할 것인가? 그러한 국수주의적 민족주의는 일본 우익처럼 대외 자주의 노선으로 갈 것인가, 아니면 여전히 대미 의존의 대외관을 펼칠 것인가? 그에 비해, 민족주의의 성향을 보이고 있는 한국의 좌파는 오히려 민족주의에 반대하고 국제 연대의 사회주의를 주장할 것인가? 그렇게 될 조건은 어떤 것일까?

6) 계급 균열과 대외 자주-민족주의, 사대주의

한국에서 계급 균열과 민족주의-사대주의의 관계는 어떤가? 역사적으로 지배세력이 대외 자주를 표방한 적은 거의 없고, 오히려 외세에 대한 의존을 통해 나라 안에서의 지배를 강화했다. 사대주의는 대외 관계의 원칙이기도 했지만, 대내적 지배의 수단이기도 했다. 피지배 세력이 일으킨 반란을 진압하기 어려우면 지배세력은 외세를 불러

들였다. 외세에 복종하는 대신 국내 지배권을 확보한 것이다.

따라서 많은 경우 외세의 침략에 대항한 것은 지배세력이 아니라 민중세력이었다. 이러한 계급과 대외 관계의 관련성은 왜 오랫동안 계속되었는가? 이런 관계가 오늘도 지속되고 있는가? 바람직한 대외 관계와 국내 계급 관계는 어떤 것이며, 그것을 어떻게 달성할 수 있는가?

7) 사대주의의 성격

사대주의는 오랫동안 우리의 공식적인 외교 이념이었다. 그것이 폐기된 오늘날에도 비공식적으로 지속되고 있다. 비단 대외 관계뿐 아니라 개개인의 마음 깊이 사대주의가 자리잡고 있는 것 같다. 따라서 그것은 정치적일 뿐 아니라 문화적, 심리적인 것으로 보인다.

사대주의의 정치적 효용은 어떤 것인가? 사대주의가 아니었으면 우리가 국가로 살아남을 수 없었으며 민족 정체성을 유지할 수 없었을까? 오늘의 사대주의는 옛날의 사대주의와 어떻게 다르며 또 어떻게 달라야 하는가? 오늘의 사대주의를 극복할 길은 없는가? 그것은 주변부 국가 주민들의 피할 수 없는 정신 구조인가? 아니면 주변부 주민으로서도 좀더 자주적인 태도나 노선을 가질 수 있는가?

8) 한국 민족주의의 방향

한국 사람들은 민족주의가 강하다고 말하는 경우가 많다. 정말 우리는 민족주의가 강할까? 정서적 민족주의, 곧 민족 감정과 이념적·정치적 민족주의는 다른데, 우리는 앞의 것은 강한 반면 뒤의 것은 약하다. 정치적 민족주의가 약한 것은 강대국의 지배를 오래 받아 사대주의 또는 대외 의존 세력이 지배 세력이 되었기 때문인데, 같은 까닭으로, 또는 이에 대한 보상 작용으로 국민 일반의 정서적 민족주의가 강한 것 같다. 정서적 민족주의에는 물론 한국인의 단일성이 크게 작용하고 있기도 하다.[1] 한국 민족주의는 신자유주의 세계화 이념의 공세 앞에서 많은 시련을 겪고 있다. 한국 민족주의는 세계화 시대에 뒤떨어진 구시대의 유물인가? 대외적 개방과 민족주의가 공존할 방법은 무엇인가? 애국심은 왜 필요한가? 한국 민족주의와 애국심의 관계는 어떤 것인가? 한국 민족주의는 민주주의와 어떤 관계를 가져야 하는가?

3. 남북한 관계와 통일 문제

남북한 통일의 필요성과 이후 체제의 문제는 많은 논란의 대상이다. 이에 대해서는 다음과 같은 물음들이 반드시 나오게 되어 있다. 남북한 통일은 하는 것이 좋은가 안 하는 것이 좋은가? 해야 한다면 왜 해야 하며 안 해야 한다면 왜 안 해야 하는가? 비단 통일이 가져올 정치·경제·사회·문화적인 결과뿐 아니라 통일의 윤리적 의미까지를 헤아릴 수 있어야 정치철학의 면에서 본 통일 연구가 될 수 있을 것이다. 통일이 아닌 남북한 화해와 북한 동포 돕기도 마찬가지다. 김정일 체제가 잘못되었기 때문에 북한을 돕지 말아야 하는가, 아니면 한 겨레이기 때문에 체제에 관계없이 도와야 하는가? 북한 정부가 남한에서 간 원조 쌀의 일부를 군량미로 돌린다고 가정한다면, 그 이유 때문에 쌀 지원을 중단해야 하는가? 아니면 이를 무릅쓰고 계속 쌀 지원을 해야 하는가? 계속 지원이나 지원 중단의 정치적·윤리적 근거는 무엇인가?

만약 통일이 된다면 어떤 체제로 통일이 되어야 하나? 자유민주주의 체제가 되어야 한다는 것이 남한에서의 대세이지만, 과연 지금 한국의 자유민주주의 체제가 바람직한 체제이며, 통일된 남북한에서 실현가능한 체제일까? 아니면 뭔가 변형을 가한 체제가 되어야 하나? 변형이 바람직하다면 어떤 변형을 모색해야 하나? 그리고 어떤 변형이 가능할 것인가?

---

1) 김영명, 『신한국론: 단일 사회 한국, 그 빛과 그림자』(고양: 인간사랑, 2005) 참조.

제6장
한국 · 한국인의 특징: 이론적 검토와 분석틀

이 장의 내용은 정치학 분야는 아니다. 오히려 사회학이나 인류학, 또는 문화 비평에 가까운 내용이다. 하지만 한국 정치의 특징을 밝히는 데에도 유용하게 쓰일 수 있는 내용이다. 글쓴이는 가능하면 이 글에서 제시한 분석틀을 적용하여 앞으로 새로운 내용의 한국 정치론을 써 보려고 한다.

가. 머리말

한국은 특이한 나라다. 엄청나게 빠른 경제 성장, 눈부신 기독교 팽창, 삼풍백화점 사고, 성수대교 붕괴와 대구 지하철 참사로 이어지는 대형 사고들, 월드컵 4강 신화에서 보인 엄청난 대중적 에너지, 교통사고와 흡연율에서 세계 최상위를 달리고, 사교육비 지출 수준 또한 세계 최고를 기록한다. 게다가 이혼율 증가와 출산율 저하도 별안간 세계 최고 수준으로 올라갔다. 이렇게 작은 나라에서 세계 최고가 왜 그렇게 많은지 놀라울 정도다.

물론 이런 모든 모습들이 격변하는 근대화 사회 또는 변동 사회에서 흔히 나타나는 특징이라고 볼 수도 있다. 변동 사회에서는 모든 것이 무르익지 않고 옛것에서 새것으로 바뀌는 과정이 혼란과 무질서, 그리고 에너지로 뒤덮이기 때문에 격동적인 모습이 보이게 되어 있다. 그러나 아무리 보아도 한국 사회에는 꼭 그렇게 볼 수만은 없는 무엇인가 특별한 것이 있는 것 같다.

게다가 특별하고 유별난 것은 남한만이 아니다. 북한은 남한보다 더 이상한 나라다. 아무리 공산주의 국가라고 해도 북한처럼 그렇게 철저하게 병영 국가인 나라도 지구상에 없고 부자 세습으로 수십 년을 지배하는 나라도 보기 힘들다. 미국과 남한의 엄청난 압박과 종주국인 러시아, 중국의 '변절'에도 아랑곳없이 꿋꿋이 제 갈 길을 가며 힘으로 상대도 안 되는 유일 패권국 미국에게 큰소리치면서 대항하는 희한한 나라다. 남한과 북한이 지향하는 바나 체제 성격이나 판이하게 다르지만, 한 가지 공통점은 세상에서 보기 힘든 유별난 모습을 보인다는 점이다.

그러면 지금이 아닌 조선시대는 어땠는가? 그 또한 중국이나 일본과는 달리 매우 독특하고 지독한 유교 사회였다. 다른 가치관이나 이념을 조금도 허용하지 않는, 지금의 한국이나 북한처럼 그렇게 유별난 사회였다. 그러면 이러한 유별난 모습들은 어디서 왔을까? 그리고 그런 유별난 모습들을 어떻게 정확하게 규정할 수 있을까?

이런 의문들에 대답해 보고자 하는 것이 이 글의 목적이다. 그런데 먼저 말해 두어야 할 것은, 이 글이, 경우에 따라서는 이전부터 지속되는 특징들을 거론하기도 할 것이지만, 고도성장이 시작된 1960년대 이후의 현대 한국, 특히 그중에서도 글을 쓰고 있는 지금 나타나고 있는 한국·한국인의 특징을 주로 분석하려고 한다는 사실이다.

나. 지금까지의 한국 · 한국인론

한국과 한국인의 특징들에 대해서는 지금까지 많은 설명과 저술이 있었지만, 이들은 결코 충분해 보이지 않는다. 대체로 한국의 전통, 유교 문화나 아니면 단편적인 행동들을 보고 한국인의 특징을 서술하려 하는데, 이런 방식으로는 현대 한국 사회와 사람들의 특징을 정확하게 포착해내지 못한다.

지금까지 한국 · 한국인의 성격에 관한 저술들은 매우 다양하게 많이 나왔다. 이를 편의상 한국 '사회'에 관한 저술과 한국 '문화'에 관한 저술로 나누어 살펴보도록 하자.

1. 한국 사회론

지금까지 한국 사회의 특징에 대해서는 당연하게도 많은 연구가 있었다. 학계에서 진행된 그 수많은 연구들에 대해 여기서 자세히 서술할 필요는 없다. 다만 그 특징만 간단히 언급하자면 다음과 같이 말할 수 있다.

지금까지의 연구들은 주로 서양 이론들을 바탕으로 하여 한국의 근대화, 산업화, 민주화 등의 과정을 분석하고 이에 따른 한국의 사회 구조나 한국 사람들 가치관의 변모를 추적하는 것이었다. 이런 연구들은 많은 성과를 거두기도 하였고 한계를 보이기도 하였다. 대체로 서양 이론들을 따라가는 한계를 보였지만, 다른 한편으로는 한국 사회에 적합한 분석틀을 가져보려고 노력한 것도 사실이고, 또 한국의 경우를 조사 연구하여 기존 서구 학문에 이바지하기도 하였다.

그렇지만 지금까지 다른 사회와 구별되는 한국의 특징을 뚜렷하게 포착하여 이론화하려는 시도는 없었다. 다시 말해, 예를 들어 일본에서 매우 활발했던 '일본(인)론'에 견줄 만한 '한국(인)론'이 학술적인 수준에서 활발히 시도되었다고 볼 수는 없다. 사회학자인 김경동 교

수는 한국의 사회 변동을 서술하면서 그 일반적 특징으로 질적 급격
성, 양적 폭발성, 그리고 과도성(지나침)을 들었다.[1] 그 가운데 질적
급격성은 우리가 앞으로 논의할 한국인의 조급성, 역동성과 관련 있
고, 양적 폭발성은 역동성, 그리고 과도성(지나침)은 극단성과 일치한
다. 그는 이 세 측면을 상세히 서술하였지만, 왜 이런 현상이 나타났
는지는 탐구하지 않았다. 이밖에 한국 사회의 특수성에 초점을 맞추
어 진행한 연구는 참으로 찾기 어렵다.

이런 시도들은 오히려 대중 상대의 수필이나 평론 수준에서 많이
나타났는데, 예를 들어 이어령의 '신바람론,' 이규태의 잡글들, 김용운
의 원형 사관 등으로 나타났다. 이런 시도들은 그 나름대로 한국 사회
와 문화의 특성에 대해 통찰력을 제공하고 많은 독자들을 유혹했지
만, 대개 현란한 지식 자랑과 재치나 감각의 차원을 벗어나지 못했고,
더 깊은 수준에서 한국의 특징을 체계적·이론적으로 포착하지 못했
다. 대체로 한 가지 독특한 개념이나 비유로 사회나 문화 전반을 설명
하려고 하여 자의적인 갖다 붙이기를 탈피하지 못했고, 과학적인 논
증과는 거리가 멀었다. 그러다 보니 여러 가지 다양한 특징 묘사들이
서로 체계적인 연관을 갖지 못하고 단편적인 인상 기술에 그치고 말
았다.

이런 대중적인 한국론들이 보이는 더 근본적인 문제는 거기서 제시
하는 한국의 특징 묘사들이 우리에게 지적인 재미 이외에 별다른 도
움을 주지 않는다는 점이다. 김용운의 원형 사관을 받아들인다면, 한
국인의 행동은 '원형'에 따라 결정되는 것인데, 거기에 대해 우리가 무
엇을 할 수 있을 것인가? 이어령의 설을 받아들이면 한국은 보자기의
문화고 일본은 도마의 문화라는데, 그 보자기를 어떻게 한국의 발전
에 이용한다는 말인가? 이런 점에서 대중적인 한국 문화론은 별로 기
여할 바가 없다.[2]

---

1) 김경동, 『한국 사회 발전론』 제8장 (서울: 집문당, 2002).

2. 한국 문화론

학술 차원에서 진행된 한국의 특수성에 관한 연구, 곧 한국론이라고 할 만한 것은 주로 한국 '문화'에 대한 연구로 나타났다. 한국 문화론이라고 이름을 붙일 수 있는 연구들은 상당히 많으며, 그 학문적 업적을 인정할 수 있다.3) 하지만 이들은 대체로 다음과 같은 문제점을 안고 있다.

첫째, 위의 대중적 한국론과 비슷하게, 이론적으로 빈약하다. 지금까지의 한국 문화론들은 별다른 체계 없이 한국의 문화적 특성을 나열하는 것에서 크게 벗어나지 못한다. 즉, 한국인의 문화적 특징을 집단주의, 배타성, 정이 많음, 권위주의, 체면 중시, 신명(신바람) 등에서 찾으며, 이들에 대한 서술이 중심을 이루고 있다.

문제는 그러한 문화적 특성이 왜 나타나는지는 설명 못하고 설명을 시도하지도 않는다는 점이다. 문화의 현상적 특징을 단순히 나열할 뿐 그것을 '설명'할 이론적 체계를 갖추지 못하여, 원인과 결과의 인과관계를 밝히지 못하고 인상적 기술에 그친다는 말이다. 최근 활발히 활동하는 최준식의 연구도 앞선 연구들에 비해 비교적 체계적이기는 하나, 주로 대중을 상대로 하고 있으며 이론적 뼈대를 갖추거나 충분히 학술적이라고 하기는 어렵다.4) 최봉영의 저작들은 한국 문화의 특징을 가장 체계적이고 밀도 있게 서술하지만, 내용이 주로 조선시대에 국한되어 현대 한국의 문화적 특징을 충분히 알기에는 큰 도움이 되지 않는다.5)

그러면 한국 · 한국인의 특징이 '왜' 나타났는지를 탐구하는 것이 왜

2) 오히려 현란하지 못하나 체계적인 대중서로는 무명의 김진희, 『한국, 흩어져야 산다』(서울: 백산서당, 2000)를 추천하고 싶다.
3) 이에 대한 간단한 정리는 최봉영, 『한국 문화의 성격』(서울: 사계절, 1997).
4) 그는 여기서 가족주의, 권위주의, 신명을 한국인의 문화적 특징으로 본다. 최준식, 『한국인에게 문화는 있는가』(서울: 사계절, 1997).
5) 최봉영, 위의 책 (서울: 사계절, 1997).

중요한가? 그것은 특징의 기원을 알아야 그에 대한 대책을 세울 수 있기 때문이다. 질병이라면 그 원인을 알아야 치료할 수 있고, 축복이라면 또 그 원인을 알아야 더 많은 축복을 이룰 수 있기 때문이다. 이런 점에서 지금까지의 연구는 아쉬운 점이 있다.

둘째, 지금까지의 연구에서 한국 문화나 사회의 특징으로 제시된 집단주의, 가족주의, 권위주의, 가부장주의, 비합리성, 정이 많음 등등은 한국 사회·문화의 특징임에 틀림없다. 그러나 그것이 한국에 '고유한' 특징인지는 다시 생각해 보아야 한다.

내가 보기에 그것들은 한국에만 있는 특징도 아니고 유교권에만 있는 특징도 아니다. 오히려 분화가 덜 된 전통 사회에서는 어디서나 보이는 사회문화적 특징이다. 따라서 한국 문화의 특징을 진정으로 이해하려면 비교문화적 관점에 서야 한다. 이때 비교는 한국과의 차이가 확연한 서양과의 비교가 아니라 비슷한 문화권이나 비슷한 발전 단계에 있는 사회와의 비교가 되어야 한다. 그래야 진정한 특징이 드러난다. 사람들이 가장 빠지기 쉬운 함정이 한국의 '전통'과 서양의 '현대'를 비교하는 것인데, 이는 의미가 없다. 서양과 한국을 비교하려면 전통과 전통, 또는 현대와 현대를 비교해야 한다. 그런데 그것보다 더 의미가 있는 것은 같은 동양 문화권에 있는 일본이나 중국을 한국과 비교하는 것이다. 그래야 각 사회의 특징이 더 세밀하게 드러난다.

예를 들어, 초기에 한국 사회(라기보다는 오히려 문화)의 특징을 비교적 체계적으로 서술한 대표적인 보기가 최재석 교수의 연구인데, 그는 한국인의 '사회적 성격'을 가족주의, 감투 지향 의식, 서열 의식, 친소 구분 의식, 공동체 지향 의식의 다섯 가지로 보았다.6) 이 중에서도 그는 가족주의를 가장 대표적인 한국인의 성격으로 규정하였다. 위에서 언급한 최준식의 연구도 가족주의를 한국 문화의 가장 기본적인 요소로 파악한다. 가족주의가 그만큼 중요하고 눈에 띄는 한국인

---

6) 최재석, 『한국인의 사회적 성격』 제3판 (서울: 현음사, 1994).

의 문화적 특징임에는 틀림없다.

그러나 그것이 과연 한국에서 어느 정도로 압도적인 현상인지, 또 한국에만 있는 전통인지, 현재에도 가장 강력한 인간·사회 관계의 원칙인지가 구체적인 사례 연구를 통하여 밝혀져야 한다. 그렇지 않으면 동어반복이나 상식의 나열에 불과하게 된다. 가족주의가 한국에서 매우 강한 전통이고 현재에도 그러함에 틀림없지만, 또 그것이 유교의 뗄 수 없는 부분이기도 하지만, 과연 다른 문화권에는 가족주의가 없거나 약한가? 가족 중심의 사회 구조나 인간 관계는 아랍이나 가톨릭 문화권, 지리적으로는 남유럽, 중남미, 동남아, 아프리카, 동아시아 등 비서구 지역의 공통된 특성이 아닌가? 더 정확하게 말하자면, 전근대 사회의 공통된 특징이 아닌가?7)

그렇지 않다고 주장하려면 한국의 가족주의가 이들 지역보다 더 강하다든가, 그 내용이나 발현 형태가 독특하다는 점을 밝혀야 한다. 그렇지 않고 한국의 가족주의만 강조하고 그것으로 한국인의 행태와 사회 관계를 설명하려고 한다면, 현상의 관찰로는 일리가 있을지 모르나, 진정으로 다른 문화와 구별되는 한국 문화의 특징을 밝히지는 못할 것이다.

위에서 열거한 한국적 특징들을 진정 한국의 특징으로 간주하려면 그 개념들을 더 세분화하여 어떤 형태와 어떤 내용의 집단주의, 가족주의, 권위주의인지를 밝혀야 한다. 다시 말해, 여러 형태의 집단주의들이 보이는 구체적 내용들을 비교해야 하고, 권위주의, 가부장주의 안에서의 비교 연구를 이루어야 한다는 말이다. 이런 점에서 기존의 한국 문화론은 크게 모자란다. 물론 한국 유교·전통 사회의 특징을

---

7) 예를 들어 미국의 저명한 사회학자 탈코트 파슨즈는 20세기 중반기에 이른바 유형 변수들로써 전근대 사회와 근대 사회를 구분 짓는 기준으로 삼았는데, 그가 제시한 전근대 사회의 특징들은 모두 전통 한국 사회의 특징으로 제시된 것들이다. 이런 특징들이 한국에만 있는 것이 아니라는 사실은 파슨즈의 이분법 자체가 보여준다.

일본이나 중국의 유교·전통 사회와 비교한 분석들은 많지만, 현대 한국의 사회 구조나 한국인의 행동 유형을 비슷한 문화권 나라들과 체계적으로 구별짓는 것은 별로 없다고 할 수 있다.

그런데, 이 일이 잘 안 되는 것은 한국 문화론뿐 아니라 일본인론 (일본 문화론)에서도 마찬가지다. 한국인과 마찬가지로 일본인들은 자신과 서양 사람들이 얼마나 다른가에 관심을 집중한다. 그만큼 서양에 대한 강박관념에 사로잡혀 있기 때문이다. 또 서양 사람들도 그들 나름대로 자신과 다른 일본의 특징을 부각하기 위해 노력한다. 일본인론은 일본을 서구 사회와 비교하여 집단주의, 아마에(응석)의 논리, 종적 사회 등으로 특징짓는다.

얼핏보아 그럴 듯하지만, 그들이 내세우는 이런 일본의 특징들은 사실 많은 부분 한국과 유사하며, 그래서 일본론이라기보다는 '동양론'일 경우가 많다. 일본론이 정말 제대로 된 일본론이 되려면 일본을 서구와 비교하기보다는 오히려 한국이나 중국과 같은 비슷한 문화권과 비교해야 한다. 이어령의 말처럼 젓가락과 젓가락을 비교해야 각 나라의 젓가락 문화가 제대로 드러나지 젓가락과 포크를 대비해서는 그 문화가 잘 드러나지 않기 때문이다. 이런 점은 한국론보다는 훨씬 앞서고 풍부한 일본인론이 보이는 결정적인 한계다.

셋째, 위 문제들은 결국 한국의 특징을 집어내기 위해 한국을 서양과 비교하기 때문에 생기는 현상이다. 서양을 비교의 준거로 놓고 서양 대 한국의 이분법을 시도하는 것이다. 그래서 개인주의, 합리주의, 법치주의, 민주주의, 자유주의 등등의 서양 가치, 그것도 '현대'의 서양 가치를 한 축에 놓고, 이와 대비된다고 생각되는 가치관이나 의식 구조를 한국의 특징으로 삼는 것이다.

이런 점에서 심리학자인 최상진 교수는 학자들이 한국의 집단주의를 논할 때 서양의 개인주의를 구체적인 실체로 놓고 그에 대비되는 엉성한 형태의 구체화되지 못한 집단주의를 상정할 뿐이라고 지적한다.8) 논의의 출발점을 서양의 특징에 놓고, 그런 서양의 특징이 한국이나 동양에서는 안 나타난다는 점을 강조하기 위해 정교한 서구 개념에 대비되는 엉성한 개념을 동양에 대해 만든다는 것이다. 이런 식으로 되면 모든 비서양의 특징들이 비슷한 모양과 내용을 갖게 된다.

넷째, 한국 문화론뿐 아니라 문화론 전체에 일반적인 한 문제는 문화를 '전통'과 동일시하여 고착된 것으로 파악하는 경향이 크다는 점이다. 이런 관점은 전통이 끝없이 변하거나 폐기되고 문화가 변한다는 사실을 충분히 고려하지 않는다.9)

전통문화론자들은 과거의 특징에 얽매여서 이 특징들이 얼마나 '현재'의 삶에 영향을 주고 있는지 분명히 밝히지 못한다. 전통이 현재에 가지는 의미를 제대로 알기 위해서는 그것이 얼마나 지속되며 또 얼마나 변하는지, 그리고 지속하는 것과 변하는 것의 상호관계가 어떤지를 밝혀야 하는데, 이런 작업을 하지 않거나 못하는 것이 '문화론'의 본질적 한계다.

최재석의 위 연구도 이런 점을 인정하고 있다. 그의 연구는 1950년대 후반에 이루어져 1965년에 처음 출간되었는데, 같은 내용을 1994년 3판에서 되풀이하는 것은 '현재' 한국인의 '사회적 성격'을 이해하는 데는 아무래도 무리가 있을 수밖에 없다. 저자 역시 이런 점을 인정하고 있다. 최봉영의 연구들은 한국 문화론을 체계적으로 서술한 인상적인 업적들이다. 그러나 이 역시 전통 문화에 국한되어, 현재 한국과 한국인의 특성을 밝히는 데는 한계가 있다. 그가 서술하는 조선시대와 개항기의 가치관이나 인간 관계의 특징들이 얼마만큼 현대 한국인들의 사고방식과 행동 양태에 지배적인가는 따로 다루어야 할 문제이나, 한국 문화론에서는 이런 시도가 전혀 없다고 해도 지나치지 않다.10)

8) 최상진, 『한국인 심리학』(서울: 중앙대학교 출판부, 2000).
9) 알렉스 인클레스, "환태평양 지역 대중적 가치의 지속과 변화," 『동아시아 비평』 제2호 (춘천: 한림대학교 아시아문화연구소, 1999).
10) 그는 조선시대의 문화를 '의리와 정한의 구조'로 보고 개화기 직후의 문화를 '혼

한국인의 문화나 가치관의 변화에 관한 연구는 주로 설문 조사의 형태로 많이 시도되었다. 그런 조사는 너무 많기 때문에 일일이 열거할 수도 없다. 그 많은 연구들에서 일관되게 나타나는 결론은, 과거의 전통적인 가치관이 많이 남아있지만 점점 줄어들고 서양적 또는 현대적인 가치관으로 변하고 있다는 사실이다.[11]

이런 점에서 볼 때, 현대 한국의 문화를 유교나 전통 문화로 다 설명할 수 없는 것은 명확하다. 그렇지만, 그런 전통이 여전히 남아 있는 것도 사실이다. 문제는 전통 문화나 가치관이 얼마만큼의 비중을 차지하며 서양적·현대적인 문화나 가치관이 또 얼마만큼의 비중을 차지하는가인데, 아무도 확실한 대답을 할 수는 없다. 모두 자신의 경험이나 가치관에 입각하여 전통을 더 강조하기도 하고 전통의 폐기를 더 강조하기도 한다. 또 같은 현상을 두고 전혀 다른 해석을 내릴 수도 있다.

그렇기 때문에 전통 문화에 기초하여 한국과 한국 사람을 이해하려고 하는 것은 한국 사람을 서양 사람과 비교할 때는 유용할지 모르나, 더 이상 현대 한국의 특징을 설명하는 데 지배적인 자리를 차지할 수 없다. 연구의 과제가 되어야 할 것은 남아 있는 전통과 들어오는 새 문화가 어떻게 상호작용하여 새로운 문화를 만들어나가는지를 알아내는 것이며, 또 그 새로운 문화의 구조를 추적하는 일이다. 이러한 작업은 물론 이 글에서 의도하는 바는 아니고, 특히 문화론자들이 짊어져야 할 책임이라고 할 수 있다.

신과 정한의 구조'로 본다. 그러면 현재의 한국 문화는? 이런 구조가 지금의 한국인들에게 얼마나 짙게 남아 있을까?

11) 김영명, "한국 사람들의 가치관 변화와 민주주의의 전망," 『아시아 문화』 제15호 (춘천: 한림대학교 아시아문화연구소, 2001); 양종회, "현대 한국의 가치 체계의 기원과 변동," 김일철 외, 『한국 사회의 구조적 이해』(서울: 아르케, 1999).

다. 한국·한국인의 특징

그러면 다른 나라에서 찾아보기 어려운, 또는 다른 나라보다 더 두드러지는 한국인·한국 사회의 특징은 무엇일까? 그것은 한국인이나 외국인 할 것 없이 한국·한국인의 특징으로 무엇을 꼽고 있는지를 보면 뚜렷해진다.

여러 가지 특징들을 거론하지만, 그 가운데서도 가장 먼저 그리고 가장 많이 꼽는 것이 행동의 조급함, 다시 말해 '빨리 빨리'라는 특징이다. 그 다음으로 역동성, 에너지, 무질서 등을 꼽는다. 더 구체적으로 보면, 조급함, 집단 쏠림, 어처구니없는 만용과 기적처럼 갑자기 무엇을 이루어내는 역동성, 한 쪽으로만 치우치는 편중성, 거기다 세계에서 유래를 찾아볼 수 없는 수도권 집중, 이런 것들이 한국·한국인의 특징들이다.

이런 점들은 한국과 비슷한 발전 단계에 있는 나라들에서 다소간 나타나기도 하지만, 그것이 한국처럼 이렇게 진하고 분명하게 나타나는 곳은 없다.[12] 이런 점들이 한국의, 유일하지는 않을지 모르나, '진하다'는 의미에서 고유한 특징이다.

이런 특징들은 지금 현재 여기서 살아 숨쉬는 한국 사람들의 사고 방식과 행동 양태, 그리고 그들이 이룩하는 사회 구조의 특징들이다. 이 특징들을 여기서는 한국이 처한 두 가지의 '조건'과 한국·한국인의 다섯 가지 '속성'으로 나누어 보고자 한다.

먼저 뒤의 것인 한국·한국인의 다섯 가지 속성을 분야별로 나누면, 한국인의 가치관과 행동 양태, 그리고 한국 사회의 구조, 셋으로

---

12) 그 대신 한국에는 많은 개발도상국이나 서양 사회에서 보이는 폭탄 테러, 내전, 집단 폭력 투쟁 같은 정치적 투쟁이 없고, 강도 살인, 마약 등과 같은 강력 범죄들이 비교적 적다. 서울은 한밤중에 여자들이 돌아다닐 수 있는 많지 않은 거대 도시 중 하나이다. 이 점 또한 한국의 단일성에 힘입은 바 크다는 것이 필자의 판단이다.

구분할 수 있는데, 물론 이 셋은 밀접하게 연결되어 있다. 우선, 한국 사람들의 '행동 양태'를 보면, **조급성, 역동성, 극단성**의 특징들이 두드러진다. 행동 양태는 사람들의 눈에 매우 잘 띄기 때문에 이런 한국인의 모습들이 한국인의 특징으로 가장 먼저 거론되는 경향이 있다. 그런데 행동 양태와는 조금 달리, '사회 구조'에서도 한국은 매우 특이한 모습을 보이는데, 그것은 바로 고도의 **집중성**이다. 이것은 권력과 부의 수도권 집중, 일류 대학 집중에서 대표적으로 나타난다. 흔히 말하는 중앙 집중과 학벌주의다. 또 '가치관'과 사회 구조에 같이 해당되는 것으로 **획일성**을 한국의 특징으로 제시할 수 있다. 이 점에서는 특히 이념적·문화적 획일성과 취향·태도에서의 다원성 부족이 꼽히지만, 집단 쏠림 현상도 이 범주에 포함된다고 할 수 있다.

그런데 이런 특징들은 역사적으로 조금 달리 나타났다. 다시 말해, 획일성, 집중성, 극단성은 이전부터 있었던 우리의 특징이라면, 조급성과 역동성은 20세기 후반기에 나타난 현상이라고 할 수 있다.13) 이러한 차이는 대체로 각각의 속성들을 유발한 조건들이 과거부터 있었거나 아니면 최근에 나타난 차이에서 나온다.

그러면 그러한 조건들이란 무엇을 말하는가? 그것은 다른 나라나 민족이 처하지 못한 **단일성**과 **밀집성**이라는 한국·한국인의 특이한 조건에서 왔다. 이 둘은 우리가 처한 탈피하기 어려운 지리·인구적 조건이다. 이들은 한국 문화의 가장 큰 특징(또는 문화적 '조건'이라고 말해도 좋다)이라고 흔히 얘기되는 유교적 특징보다 더 확실하고 결정적인 한국·한국인의 조건이다. 그것은 다음과 같은 까닭들 때문이다.

첫째, 앞에서 보았듯이, 유교적 특징은 한국에 고유하지 않고 중국, 일본에도 있다. 그리고 유교적 특징이라고 생각하는 많은 요소들, 곧 위계질서의 강조, 가족 유대의 중시, 공동체주의, 권위주의 등등은 전

---

13) 좀더 자세히 보자면, 그 가운데에서 집중성은 예전에도 있었지만 최근에 극심해졌고, 획일성은 최근 들어 조금 완화되고 있다고 할 수 있다.

근대적 사회에 공통되게 나타난다. 물론 이런 특징들이 유교권에서, 더구나 한국에서 독특하게 나타날 수 있고, 또 실제로 그렇다. 그런 면에 초점을 맞춘다면 그것이 한국의 특수성이 될 수 있다. 그러나 그것 또한 단일성과 밀집성의 결합이라는 한국의 특수성에 비하면 그 특수한 정도가 낮다는 것이 필자의 판단이다.

둘째, 유교를 비롯하여 전통 문화나 전통적 가치관 또는 전통적 인간 관계만으로 한국 사회나 한국인의 특성을 설명하기에는 우리가 너무 많이 변했다. 이에 대해서는 앞에서 얘기했기 때문에 더 논의하지 않겠다.

셋째, 유교적 가치나 인간 관계의 한국적 특수성은 그 자체가 한국의 단일성-밀집성에 힘입은 바 크다. 예를 들어, 한국의 유교가 중국이나 일본에서와는 달리 다른 모든 분파를 배척하고 성리학만을 숭상하고 그것을 지독하게 맹신하며 형식화한 것은 한국(조선)인의 단일성에서 온 극단화의 한 모습이었다. 그러니 진정으로 한국에 독특한 것은 한국적 유교라기보다는 그 한국적 유교의 성격을 결정한 한국의 지리 · 인구적 특징이라고 할 수 있는 것이다.

넷째, 이에 비해 지리 · 인구의 요소, 다시 말해 단일성과 밀집성은, 특히 그중에서도 단일성은 앞으로 꽤 바뀔 수 있는 여지가 있기는 하나, 기본적으로 과거에서 현재로 그리고 또 미래로 계속 이어질 한국의 특징이다. 이 조건은 과거 조선의 특징을 규정하였을 뿐 아니라, 현대 한국의 급속한 성장의 조건이 되었으며 미래 한국인의 행동 양태를 결정짓는 중요한 요소로 작용할 것이다.14) 따라서 유교의 요소보다 이것이 더 보편적이고 항구적인 한국의 조건이다.

그러면 위에서 제시한 한국 · 한국인의 조건과 속성들에 대해 더 구체적으로 살펴보자.

---

14) 현대와 같은 밀집성을 과거의 특징이라고 보기는 어려울지 모른다.

154 우리 정치학 어떻게 하나?

라. 두 가지 조건: 단일성과 밀집성

단일성과 밀집성이 한국에만 있는 것은 아니다. 하지만 이 두 요소가 동시에 존재하는 지역은, 적어도 세계에서 주목할 만한 크기의 나라들 중에서는 없다.

1. 한국의 단일성

한국인의 단일성은 과거부터 현재에까지 이어지는 특이한 조건이다. 우선, 한국과 같이 단일한 사회는 이 세상에 별로 없다. 인구 1,000만 이상의 나라들 중 한국처럼 인종, 문화, 언어의 측면에서 단일한 국가는 없다. 한국은 단일 민족으로 국가가 구성된 희귀한 경우이다. 일본 사람들이 맨 먼저 내세우는 일본의 고유성이 단일성 또는 동질성이지만 한국에 비하면 일본도 복합 사회다

한국의 단일성은 여러 가지 측면에서 나타난다.

단일 민족: 우선 한국처럼 단일 민족으로 구성되어 있는 나라는 보기 어렵다. 다른 민족이 1%도 섞이지 않고 단일 민족으로 국가가 구성된 것은 한민족으로 구성된 대한민국과 조선인민민주공화국 외에 거의 없다. 동질성의 신화를 내세우는 일본도 한국인, 중국인 등 외국인과 아이누, 오키나와 종족이 섞여 이민족이 2~3%는 존재한다. 물론 한민족도 다른 민족과 마찬가지로 몇 개의 인종이 섞여서 구성되었을 것이다. 그러나 그렇다고 해서 한민족을 단일 민족이 아니라고 할 수는 없다.

다시 말해, 한민족이 인종적으로 단일하다고 할 수는 없으나 단일 민족인 것은 확실하다. 물론 혼혈인들이 조금 있기는 하나 인구 구성비로 볼 때 의미 있는 집단이라고 할 수 없다. 한국 민족이 단일 민족이 아니라고 하는 주장은, 생물학적 인종과 사회문화적 민족을 혼동

하였거나, 아니면 단일 민족 이데올로기의 배타적이고 폐쇄적인 측면을 비판하려는 의도에서 나온 지나친 주장이다.

단일 민족 이데올로기를 고수할 필요는 없지만, 생물학적 혼성을 이유로(그 혼성이 얼마나 큰지도 확실하지 않지만) 한민족이 단일 민족이 아니라고 주장하는 것은 올바르지 않다. 설사 역사적으로 여러 종족이 섞였다고 하더라도, 한민족에게 똑같이 섞인 것이므로 민족적 단일성이라는 점에서는 달라질 것이 없다. 민족은 오랜 기간에 걸쳐 공통의 역사를 지니고 같은 문화를 공유한 사회·문화적 공동체다. 한민족이 단일 민족으로 구성된 것은 늦어도 신라의 삼국 통일 이후부터라는 것이 역사학계의 정설로 되어 있다.

문화적 단일성: 민족적 단일성뿐 아니라 한국 사회는 문화적 단일성도 두드러진다. 적어도 천 년 이상 하나의 민족으로 하나의 역사를 공유하여 왔으며, 민족사의 영토도 그다지 크게 달라지지 않았기 때문에, 한국은 문화와 언어, 관습, 전통에서 단일한 문화권을 형성했다.

단일한 자연: 한국은 땅덩이가 좁을 뿐 아니라 자연 조건이 다양하지 않고 단일하다. 어디를 가나 뒷동산과 앞 냇물로 이루어져 있는 같은 모습이다. 아름다운 풍경이기는 하나 산수의 다양성이 없다. 백두산 부근을 제외하고는 높은 산이라고 해야 높이가 2,000미터가 채 되지 않으며, 거대한 강이나 평원이나 사막도 없다.

땅의 모습이 단일할 뿐 아니라 기후 또한 단일하다. 한반도가 남북으로 길게 뻗어 있어 가장 남쪽과 북쪽의 기온 차가 상당히 나기는 하나 제주도를 제외하면 그렇게 다른 기후 조건이라고 할 수 없다. 네 계절의 구분이 뚜렷하여 연교차가 큰 편이지만, 이런 기온 조건이 한반도 전역에서 동일하다. 따라서 다른 기후나 풍토에 따른 사람들의 심성 차이는 없다고 할 수 있다. 이런 점에서도 한국과 한국 사람들은 단일하다.

지정학적 위치 : 단일 민족이라는 단순한 사실에 덧붙여 강대국에 둘러싸인 지정학적인 위치와 이로 인해 수없이 침략 당한 경험이 한 민족의 단일 민족으로서의 정체성과 성격 형성에 큰 영향을 주었다. 민족적·문화적 단일성에 덧붙여 지정학적 위치가 민족 정서를 강하게 만들었다.15)

현대에 와서는 미국과 소련에 의한 민족의 이념적 분단과 미국의 지배로 자본주의, 반공주의, 우익 자유민주주의 이념이 한국 사회를 지배했다. 해방 직후를 제외하고는 진보나 좌파 이념들은 1980년대 후반까지 나타나지도 않았다. 지금의 상황을 봐도 좌파 이념의 정치·사회적 힘은 여전히 미약하다. 다른 나라에 비해 한국의 이념 지형은 보수, 우파로 편중되어 있다. 이런 나라도 많지 않다. 현대의 이념적 단일성은 직접적으로는 남한의 분단 상황에 기인하지만, 민족적 단일성도 그것을 강화하는 데 한몫을 했다.

2. 한국의 밀집성

한편, 밀집성의 요소도 한국 사회를 설명하기 위해 단일성에 버금가게 중요하다. 그런데 밀집성은 단일성과는 달리 한국에서 최근에 두드러진 현상이다. 그 구체적인 모습을 보자면, 우선 한국의 인구밀도는 세계 최고 수준이다. 산악지방이나 기타 사람이 살 수 없는 지역을 뺀 지역의 인구밀도는 특히 더 높다. 더구나 수도권 인구 집중률은 단연 세계 최고다. 한국은 전체적인 인구밀도가 높을 뿐 아니라 중앙 집중의 특징을 지니기 때문에 주류 한국 사회의 밀집도는 전체 인구밀도보다 훨씬 더 높다고 할 수 있다. 이러한 밀집성은 현대 사회에

---

15) 그러나 이는 비주류 엘리트나 대중의 경우에 주로 나타난 특징이었고, 주류 지배층은 오히려 강대국에 순응하여 민족주의보다는 사대주의에 의존했다. 민족 정서는 민족주의로 발전하지 못했다. 김영명, 『우리 눈으로 본 세계화와 민족주의』(서울: 오름, 2002).

들어서면서, 특히 급격한 도시화가 진행되면서 한국과 한국인의 특징을 규정하는 중요한 요소로 자리잡았다.

밀집 사회의 특징은 일반적으로 대도시의 특징과 비슷하다고 생각하면 되는데, 이를 생각나는 대로 간추리면 다음과 같다. (1) 많은 사람들이 좁은 데서 살다보니 사람들 사이에 부대끼는 긴장이 높다. (2) 그래서 사고와 행동이 극단적으로 되기 쉽다. (3) 또 사람들의 행동이 폭발적으로 분출하는 경향이 있다. 좋게 보면 사회의 역동성이 높아지기 쉽기도 하다. (4) 사람들 사이의 경쟁성이 높아지기 쉽다. (5) 또 사람들이 빨리빨리 움직이고 조급해지기 쉽다. 그래서 전체적으로 보면 밀집된 사회에서는 사람들이 여유가 없고 느긋하지 못하며 조급하거나 빠르고 경쟁적이고 극단으로 흐르기 쉽다고 할 수 있다.

3. 단일-복합(다원, 균열), 밀집-여유 사회의 차이

단일 사회에 반대되는 개념으로는 균열 사회, 다원 사회, 복합 사회 등을 들 수 있다. 이들은 비슷하면서도 강조점이 다른 개념이라고 할 수 있다. 물론 단일 사회와 이에 대비되는 사회들의 특성은 전부 아니면 전무라기보다는 정도 문제라고 볼 수 있다. 한국의 경우는 단일 사회 쪽의 맨 끝에 속한다는 뜻에서 단일사회로 규정할 수 있다는 말이다.

균열 사회는 말 그대로 '금이 가서 쪼개진' 사회다. 인종, 종교, 언어, 이념 등으로 사회의 중요한 부분들이 갈려서 충돌하고 경쟁하고 견제하는 사회다. 이런 사회에서는 때때로 심각한 정치적 투쟁이나 무력 분쟁이 나타난다. 아프리카와 동남아시아의 다종족 국가들에서 대표적인 예를 볼 수 있다. 해체된 뒤의 옛 유고 연방도 좋은 보기를 보여주었다. 균열 사회의 통합성을 유지하기 위해서는 정치 세력들 간의 타협과 합의가 매우 중요하다. 그래서 다수결 민주주의에 대비되는 '연합' 민주주의 제도가 생겨나게 되었다. 다수결 민주주의는 국민들 사이에 동질성이 높은 단일 사회에 적합하지만, 국민들 사이의 동질성이 낮은 경우에는 어느 특정 다수 집단이 계속 지배하고 다른 소수 집단이 계속 복종하게 될 우려가 있는 다수결 민주주의보다는 집단들 사이의 이해관계를 타협하고자 하는 연합 민주주의를 시도하는 경우가 많다. 내전으로 얼룩졌던 콜롬비아나 기독교-이슬람 등 종교-인종 분규가 심한 레바논 같은 경우가 대표적이라고 할 수 있다.

다원 사회는 다원주의적인 이익 표출이 인정되는 사회다. 균열 사회의 심각한 균열을 제도적으로 극복한 사례라고 할 수 있다. 미국, 인도, 유럽의 다종교·다언어 국가들 등 그 보기는 많다.

복합 사회는 다원 사회와 유사한 개념이나, 사회 발전의 정도가 높아 사회 구조가 단순하기보다는 복합적이어서 다양하고 복합적인 이익들이 존재하고, 정치·사회적 쟁점이 다양하고 복잡하며 이들의 표출이나 경쟁이 제도적으로 보장받는 사회를 말한다.

이 세 사회의 특징은 서로 공유하는 부분이 많다. 발전의 정도가 낮은 균열 사회의 경우 다원 사회나 복합 사회라고 말하기 어려우나, 후자의 경우 균열의 정도가 심하면 균열 사회라고 간주할 수 있다. 한국의 경우, 균열 사회라고 볼 수 없으며, 다원 사회-복합 사회로의 변화가 있으나 여전히 단일 사회의 모습이 두드러진다.

밀집 사회에 대비되는 개념으로는 적합한 말을 찾기가 쉽지 않다. 여기서는 일단 '여유 사회'라는 용어를 쓰기로 한다. 여유 사회는 밀집 사회와는 반대로 땅덩이에 비해 인구가 많지 않고 물자도 충분하여 그야말로 여유 있는 사회를 일컫는다. 물론 인구밀도도 낮고 동시에 물자도 빈약한 사회도 있겠지만, 이런 사회는 아직 개발되지 않았거나 가난한 후진 지역이므로, 한국 사회를 이해하는 데에는 비교 대상으로 크게 도움이 되지 않는다. 대표적인 여유 사회로는 오스트레일리아나 뉴질랜드 같은 '신대륙'의 선진국들을 들 수 있다. 이 곳에서는 땅과 시간의 여유가 모두 있어 사람들의 생활이 느긋하고 서로 부대

낄 일도 적다. 그런 만큼 생활도 느리고 시간의 흐름도 느리다고 할
수 있다. 중국의 '만만디' 문화도 넓은 땅 덩어리에서 느리게 변하는
세월 때문에 생긴 것으로 보인다. 티베트 같은 곳은 자연 조건보다는
종교적인 이유로 정신적, 시간적 여유 속에서 살고 있는 곳이다. 현대
사회의 빠른 흐름 속에서도 '느림'의 여유를 찾고자 하는 노력들이 많
이 존재한다. 대도시의 현대 문명에만 몸을 맡겨서는 결코 행복해질
수 없다는 깨달음 때문이다. 한국에서도 이런 움직임이 있지만, 이런
움직임이 있다는 사실 자체가 달리 보면 그만큼 현대 서양, 그리고 특
히 현대 한국인의 삶이 각박하고 여유 없고 밀집해 있다는 증거일 것
이다.

4. 단일-밀집 사회에 대한 기존의 연구

단일 사회, 밀집 사회의 특성과 이에 대비되는 복합 사회, 여유 사
회의 특성에 대해서는 기존의 사회학이나 인류학에서 다루지 않는다.
대표적인 사회학, 인류학 교과서들을 찾아보아도 그런 논의는 볼 수
없다. 학문을 주도하는 서양 사람들이 관심이 없기 때문인데, 그것은
서양 사회가 단일 사회나 밀집 사회가 아니기 때문이다. 단일 사회에
대비되는 균열 사회에서의 사회 · 정치적 갈등에 대한 서양의 연구들
은 많지만, 단일사회의 특징에 대해서는 연구자들의 관심이 없다. 단
일 · 밀집 사회인 우리나라에서도 이에 대한 연구가 없는 것은 우리
학문이 서양 학문을 따라 하고 주체성이 없기 때문이다.

1) 밀집 사회에 대한 연구
밀집 사회에 대한 분석은 인류학이나 사회학보다는 오히려 동물 행
동학에서 도움을 얻을지도 모른다. 『털 없는 원숭이』라는 책으로 일
약 유명해진 데스먼드 모리스는 동물들에 대한 실험을 통해 다음과
같이 관찰했다.[16)]

내가 앞에서 이야기한 생물학적 도덕률은 인구가 과밀한 상태에서 는 적용되지 않는다. 인구가 너무 많아지면 원칙이 뒤바뀐다. 다른 동 물을 시험삼아 과밀한 상태에 놓아두고 연구한 결과, 개체군의 밀도가 높아지면 동물들은 병에 걸리고, 새끼를 죽이고, 난폭하게 싸우고, 자 기 몸을 불구로 만드는 자해행위를 한다. 어떤 행동이 끝까지 제대로 이루어지지 않는다. 모든 것이 산산조각으로 부서진다. 결국 많은 동 물이 죽어서 밀도가 낮아지면 다시 번식을 시작할 수 있게 되지만, 그 전에 반드시 비극적인 대격변을 거쳐야 한다. 그런 상황에서 과밀의 첫 번째 조짐이 분명히 나타났을 때 번식을 방해하는 장치가 도입되었 다면, 혼란을 피할 수 있었을 것이다.

과밀 상태에 처한 동물들의 이런 행동들은 사람들에게도 마찬가지 다. 물론 대도시의 과밀상태가 이런 정도로 직접적인 폭력 행동으로 나타난다고는 할 수 없을지 모르나, 수많은 현대 도시들에서 살인, 강 도, 강간, 마약 사고, 교통 사고들이 끊이지 않는 모습은 인간이 결국 동물의 일부라는 사실을 웅변으로 보여준다. 이런 점은 비단 도시 차 원뿐 아니라 국가 차원에서도, 그 정도가 낮아지기는 하더라도, 나타 난다. 한국에 강력 사건이 많다고 할 수 없지만(이는 단일성 때문이라 는 것이 필자의 생각이다), 밀집성에서 오는 스트레스와 번잡과 무질 서가 심한 것 또한 부인할 수 없다.

2) 단일 사회에 대한 연구

위에서 말한 바와 같이 단일 사회에 대한 학계의 관심은 매우 빈약 하다. 인류학이나 사회학에서 민족적 동질성 또는 이질성 얘기를 많 이 하지만, 이런 점이 사회적으로 어떤 의미가 있는지에 대해서는 본 격적인 관심이 없는 것 같다. 동질 사회-이질 사회에 관한 비교 분석

---

16) 데즈먼드 모리스 지음, 김석희 옮김, 『털 없는 원숭이』(서울: 정신세계사, 1991).

은 지금까지의 연구에서 찾지 못했다. 앞서 언급한 일본인론에서 일
본 사회의 동질성을 강조하지만, 그것의 이론적 측면, 다시 말해 동질
성이 가지는 사회적 의미에 대한 체계적인 분석은 보이지 않으며, 민
족적 · 문화적 동질성 때문에 생기는 일본 사람들의 대외적 배타성과
폐쇄성을 언급하는 정도에 그친다.

일본인론의 대표적인 학자인 나카네 지에는 일본 사회를 종적 사회
(다테 사회)라고 특징지으면서 이러한 특징이 일본의 단일성에서 온
다고 하였다. 그러나 그녀는 단일성이 왜 종적 인간 관계를 만드는지
에 대해서는 설명하지 않고 종적 인간 관계 자체에 대해서만 관심을
기울였다.17)

단일 사회에 대한 본격적인 관심은 매우 드물기는 하나 역시 한국
에 대한 연구에서 나타났다. 오랫동안 주한 미 대사관의 문정관을 지
낸 바 있는 그레고리 헨더슨은 1960년대에 이미 한국에 대한 '소용돌
이 정치'론을 전개하여 우리의 관점과 비슷한 관심을 보였다.18) 임현
진은 헨더슨의 분석에서 힌트를 얻어 한국 사회를 '중심 지향적 사회'
로 보고 '단극성', '작은 사회' 등의 표현을 사용하였지만, 우리와 비슷
한 뒷표현들에 대해서는 본격적으로 논의하지 않았다.19) 그러므로 여
기서는 헨더슨의 논의를 볼 필요가 있다.

그의 논점은 다음과 같다. 한국은 지역적, 인종적, 문화적으로 고도
의 동질성, 통일성과 중앙 집중화의 특징을 보인다. 이러한 특징이 2
차 집단의 발달을 가로막고 사회를 원자화하고('대중 사회') 중앙 권
력을 향한 상승지향의 파벌 투쟁을 야기한다. 이러한 성격은 중앙집
권을 초래했고, 이런 현상은 역사를 통해 강화되었다. 한국의 이러한

17) 나카네 지에 지음, 양현혜 옮김, 『일본 사회의 인간 관계』(서울: 소화, 1996).
18) Gregory Henderson, *Korea: The Politics of the Vortex* (Cambridge, Mass: Harvard University Press, 1968).
19) 임현진, "국가와 지배 구조: 중심 지향적 사회의 세," 김일철 외, 『한국 사회의 구조론적 이해』(서울: 아르케, 1999).

단일성은 세계에서 예외적으로 강하다. 여기에는 강대국에 둘러싸여 끊임없는 외부의 위협에 시달렸고(이것이 중앙집중화를 강화했다), 그 결과 대외 접촉을 최소화한 역사적 사실도 한몫했다. 또 조선시대의 유교관료적 중앙집권제도 이에 기여했다.

한편 헨더슨에 따르면, 한국 사회는 동질적이기 때문에, 다시 말해 원초적인 균열이 없기 때문에 사회 균열이 인위적이고 주로 중앙에서의 권력 경쟁으로 나타난다. 또 이는 이념이나 정책과는 상관 없는 사적인 유대와 이에 기초한 파벌주의로 표현된다. 따라서 정치적 경쟁은 중앙 권력을 향한 투쟁으로 좁혀지고, 이것이 중앙을 향해 모든 힘을 빨아들이는 소용돌이와 같은 형태를 띠게 된다. 여기에 한국 사회가 작은 사회라는 점도 작용한다.[20]

이러한 견해는 우리의 견해와 비슷하다. 그런데, 그의 논의에서는 동질성이 어떻게 중앙집중성으로 이어지며, 그것이 또 왜 이차 집단의 발달을 가로막고 중앙 권력을 향한 원자화된 '소용돌이' 투쟁을 야기하는지에 대해서는 충분히 설명하지 않는다. 그보다는 오히려 역사적인 분석을 통해 원자화한 정치 투쟁과 그로 인한 혼란을 서술하고 분석하는 데 초점을 맞춘다.

나카네의 일본 연구와 헨더슨의 한국 연구를 비교하면 재미있는 점을 알게 된다. 그것은 둘 다 단일성의 특징에서 출발하여 두 나라의 사회적 특성을 설명하고 있지만 그들이 강조하는 양국의 사회적 특성에는 공통점이 없다는 점이다. 곧, 나카네는 단일성 때문에 일본의 인간 관계가 "장에 의한 집단 형성, 평등주의, 동류와의 경쟁, 감정을 우선하는 세계의 형성"으로 나타난다고 본 반면, 헨더슨은 단일성 때문에 한국의 정치가 중앙 권력을 향한 원자화된 대중 사회의 소용돌이 같은 투쟁과 혼란에 휩싸인다고 본 것이다.

---

20) 이는 우리가 말하는 밀집성과 관계되는데, 그는 이 점에 본격적으로 착안하지는 않았다. Henderson.

둘의 논의에 공통점이 있다면 평등주의나 동류와의 경쟁에 대한 관심 정도일테지만, 이것도 분명히 나타나지는 않고 그저 암시되는 정도다. 둘 다 일본과 한국 정치 · 사회의 특징을 서술하는 데 초점을 맞추어서, 단일성이 어떤 이유 때문에 종적 인간 관계나 소용돌이 정치로 나타나는지에 대해서는 충분히 설명하지 못하고 있다. 헨더슨의 경우에는 어느 정도 되고 있으나, 나카네의 경우에는 거의 안 되고 맺음말에서 그냥 던져질 뿐이다.21) 그녀는 책의 마지막 문장을 "이상의 고찰에서도 분명해진 것과 같이 본서는 일본인의 특질이 아니라, 어디까지나 '단일 사회 이론'이라고 불러야 한다는 것이 필자의 입장이다"라고 했는데, 만약 그렇다면 그 부분을 본문에서 다루었어야지 이런 식으로 마지막에 던져서는 안 될 것이다.

실제로 그녀가 제시한 일본 사회의 특징들은 한국에도 상당 부분 적용할 수 있다. 그런 점에서 그녀의 이론이 일본 사회에 국한되지 않는 좀더 보편적인 단일 사회 이론으로 설 수 있을지 모르나, 그러려면 단일성의 인과성에 대해 좀더 본격적으로 논증할 수 있어야 할 것이다.

마. 다섯 가지 속성: 획일성, 집중성, 극단성, 조급성, 역동성

획일성, 집중성, 극단성, 조급성, 역동성은 한국 사회와 그 구성원에게 두드러진 다섯 가지 속성들이다. 한국 사람들의 특징으로 흔히 간주되는 비합리성, 가족주의, 집단주의, 지역주의들도 모두 위의 속성들과 연결된다. 즉 이런 특징들도 단일사회의 특징 그 자체이거나, 그렇지 않으면 이 특징들이 단일 사회적 특성과 결합하여 나타난다고 볼 수 있다.

이 다섯 속성들은 단일사회의 결과이거나 밀집 사회의 결과이거나,

---

21) 나카네 지에 132쪽.

아니면 둘의 합성으로 나타난다. 그중 단일성의 결과로 나타나는 것은 획일성, 집중성이며, 밀집성의 결과로 나타나는 것은 극단성, 역동성이다. 그 반면 조급성은 단일사회, 밀집 사회 모두의 결과라고 할 수 있다. 물론 이렇게 뚜렷이 구분지어 말할 수 없을 만큼 겹치는 부분도 있다고 할 수 있다. 예를 들어, 현대 한국인의 극단성은 주로 밀집 사회의 결과로 보이지만, 밀집되지 않았던 과거 성리학의 경우에서 보는 바와 같이 단일사회적 성격이 극단화에 영향을 미쳤음도 알 수 있다.

다른 한편, 이 속성들이 한국·한국인의 어느 국면에서 나타나는지에 초점을 두어 나눈다면, 극단성, 역동성, 조급성은 한국 사람들의 행동 양태의 특징이고, 집중성은 사회 구조의 특징이며, 획일성은 가치관과 사회 구조의 두 국면 모두에 해당하는 특징이라고 할 수 있다. 이러한 모습들을 간단히 보자면 다음과 같다.

1. 단일 사회, 밀집 사회적 속성

한국인들은 단일 민족으로서 오랫동안 동질성과 단일성을 유지해 왔기 때문에 가치관, 사고방식, 행동 양식이 다양하지 않고 **획일적**이다. 사회구조도 획일적이다. 이런 모습은 국가 전체의 구조뿐 아니라 나라 안의 여러 하부 구조들에서도 비슷한 양상으로 나타난다.

또 한국에서는 사회·문화 구조가 단일하고 따라서 다원적인 경쟁이나 갈등 또는 견제의 요소가 적기 때문에 경쟁과 갈등은 힘 센 한 쪽으로 집중되는 경향이 있다. 즉, 단일성의 결과로 사회의 권력과 지위가 한 쪽으로 치우치는 **집중성**이 두드러진다. 그 반면 인종, 종교, 문화, 언어 등에서 균열되고 다원적이고 복합적인 사회에서는 이들 여러 요소들 간의 경쟁과 견제가 심하기 때문에 한 쪽으로 집중되는 경향이 덜하다.

한국 국민은 단일 민족이기 때문에 민족적, 인종적 갈등이 없다. 그

대신 단일 민족 내부의 지역 갈등이 존재하지만, 이는 균열 사회의 민족적, 인종적 갈등이나 지역 갈등보다 훨씬 정도가 덜하다. 그래서 중앙 집중이 더 잘 된다. 그리고 같은 까닭으로 평등주의, 집단주의, 배타성, 민족의식이 팽배하다.

한편 사회의 단일성은 여러 다양한 이해집단들의 투쟁을 피할 수 있게 해 주기 때문에 복잡한 의사 결정 과정을 거치지 않고 빠른 결정과 빠른 행동을 하도록 만든다. 이런 점이 신속한 의사 결정과 강력한 정치 지도력을 가능하게 만들고, 그것이 심해지면 권위주의적 권력 집중을 불러오기도 한다. 동시에 이런 점이 한국인의 행동을 빠르고 더 나아가 **조급하게** 만든다. 하지만 다른 한편 조급성은 **역동성**과 일의 속도로 이어진다. 한국 사람들 행동의 대표적 특징으로 거론되는 '빨리 빨리' 증후군은 조급성을 말하기도 하지만, 엄청난 변화의 속도와 에너지를 상징하기도 한다.

다른 한편, 한국인들은 좁은 땅에 많은 사람들이 몰려 산 결과 높은 인구밀도의 밀집성이 사고와 행동의 **극단성**을 야기하기 쉽다. 마찬가지 이유로 사람들은 행동이 조급하고 마음의 여유를 갖기 어렵다. 그래서 **조급성**의 속성을 야기한다. 다른 한편으로는 이런 극단성과 조급성이 행동의 **역동성**으로 나타나기도 한다.

그런데 단일성과 밀집성이라는 지리·인구적 조건들이 인간 행동과 사회구조, 가치관에서 획일성, 집중성, 조급성, 극단성, 역동성을 유발한다는 것은 사실 하나의 가설에 불과하다고 할 수 있다. 이 가설은 한국의 경우를 관찰함으로써 생기는 귀납적인 가설이다. 이 가설이 정말 옳은지를 판단하기 위해서는 더 많은 사례들을 비교 연구해 보아야 할 것이다. 그러나 불행히도 한국을 제외하고는 단일성과 밀집성의 조건을 둘 다 충족시키는 사례를 찾기 힘들다. 물론 필자가 생각하지 못하는 작은 사회들 중 이 조건들을 충족시키는 경우들이 있는지 모르나, 지금으로서는 그 사례들까지 추적하지 못하는 것이 필자의 한계다.

　보기를 들어, 일본이 동질 사회 또는 단일 사회라고 하나 그 정도가 한국보다는 덜 하다. 일본에서는 한국인의 특징으로 규정한 다섯 가지 속성들 중 획일성, 집중성이 나타나지만, 이 역시 한국보다는 덜하다. 일본에서도 극단성과 역동성이 나타나기도 한다. 즉, 군국주의, 가미카제 특공대 등에서 보는 것과 같은 한국을 능가하는 극단성을 볼 수 있고, 경제 성장에서 나타난 역동성 또한 만만치 않았다. 하지만, 이들을 현재 일본의 특징으로 보기는 어렵다. 게다가 조급성의 면을 보자면, 평균적인 일본 사람들은 그다지 조급해 보이지 않는다.

　한국과 비교 대상이 될 만한 다른 나라들로 대만, 네덜란드, 벨기에 등을 들 수 있으나, 이들은 사회적 밀집성이 크지만 민족 구성이나 문화는 단일하지 않다. 이렇게 볼 때, 사실 밀집성의 비교 대상으로 들 수 있는 사례는 나라 또는 민족 차원에서보다는 대도시의 경우에서 찾을 수 있다. 도시와 시골의 비교를 통해 밀집 사회와 여유 사회의 차이, 그 주민들의 행태나 가치관의 차이를 알 수 있다. 일반적으로 도시, 그중에서도 대도시는 인구가 빽빽이 밀집해 있고 사람들끼리 부대끼기 때문에, 한국 사회의 특성으로 제시한 조급성, 극단성, 역동성의 특징을 보인다.

　한국 안에서도 조급하고 긴장된 대도시와 느긋한 시골의 차이를 볼 수 있다. 한국보다 여유 있는 사회에서 살다 온 사람들은 한국의 각박하고 빡빡한 삶에 대해 불평하는 경우가 많다. 그런데 가만히 듣고 있노라면 그들은 대개 다른 나라의 시골이나 도시 교외를 서울과 비교하고 있다. 이는 올바른 비교가 아니다. 올바른 비교가 되려면 뉴욕, 런던, 도쿄 같은 거대 도시를 또 다른 거대 도시인 서울과 비교해야 할 것이다. 필자가 재직하고 있는 강원도 춘천만 하더라도 자연과 삶의 여유라는 점에서 서울과 크게 다르다.

　그런데 그렇더라도 남는 문제는, 서울이 한국 전체에서 가지는 비중을 뉴욕이 미국에서 차지하는 비중, 또는 심지어 도쿄가 일본에서 가지는 비중과 비교할 수 없다는 점이다. 다시 말해 그 불평하는 한국인 엘리트가 서울 아닌 춘천이나 다른 중소 도시, 또는 시골에서 살 확률은 크지 않다는 말이다. 그러니 그들의 비교와 불평이 근거 없다고도 할 수 없다. 그것 자체—서울의 비중 자체—가 다른 나라와 비교할 수 없는 한국적 특징 가운데 하나이기 때문이다.

그런데, 대도시는 밀집 사회이지만 단일 사회라고는 할 수 없다. 오히려 시골보다 더 다원적이고 복합적인 사회다. 따라서 대도시들은 우리가 단일 사회의 특성이라고 한 획일성이 아니라 오히려 다양성의 특징을 보인다. 이런 점에서 한국이라는 '나라'를 대'도시'와 단순 비교하기는 어렵다고 할 수 있다.

그러면, 한국의 두 근본 조건으로 제시한 단일성과 밀집성 가운에 어느 것이 더 근본적일까? 대답하기 어렵기는 하나 굳이 따지자면, 단일성이 밀집성보다 더 항구적이고 근본적이라고 할 수 있다. 왜냐하면 단일성은 역사를 초월하여 항구적으로 존재하는 한국의 조건인 반면 밀집성은 현대의 현상이기 때문이다.

밀집성이 한국 사회에 중요한 조건으로 작용하기 시작한 것은 본격적인 산업화가 시작된 뒤라고 보아야 할 것이다. 구체적으로 1960년대 이후로 보는 것이 타당하다. 그 전에는 도시 과밀 등 밀집 현상도 크지 않았고, 사람들의 조급함도 그다지 보이지 않았다. 그러나 더 항구적이라는 말이 반드시 더 중요하다는 말은 아니다. 특히 현대 한국의 특징에 단일성이 더 작용하는지 밀집성이 더 작용하는지는 단정하기 어렵다. 오히려 둘이 결합하거나 상호작용한다고 보아야 할 것이다.

2. 상황 요인들

위에서 제시한 단일성과 밀집성은 한국인의 특징을 유발하는 근본적인 두 조건이다. 그런데 한국 · 한국인의 속성에는 이 두 조건들뿐 아니라 또다른 요인들—상황 요인들도 영향을 미친다. 이 상황 조건들은 한국인의 다섯 가지 속성들을 강화하는 구실을 한다. 이들은 (1) 지정학적 위치와 나라의 크기, (2)분단 상황, (3)압축 성장이다.

우선, 강대국에 인접한, 포위된 약소 민족의 위치(**지정학**)가 획일성, 집중성, 극단성을 더 부추긴다. 대륙 중국과 해양 일본의 끝없는 침략을 받고 거기서 살아남기 위한 노력이 사회의 단일성-획일성-단결과 권력의 집중을 가져왔다. 이 상황이 삶을 극단으로 몰아넣고 행동의 극단성을 불러일으켰다. 또 나라가 작다보니 단일성, 밀집성에서 나오는 모든 속성들이 더 뚜렷하게 나타난다. 작은 나라가 큰 나라보다 변화의 속도도 빠르고 극단적, 획일적, 집중적으로 되기도 쉽다는 점은 쉽게 이해할 수 있다.22)

또, 현대에 와서는 민족의 **분단**과 남북한 군사 · 이념 대립이 획일성과 극단성을 더 강화했음을 상식으로 알 수 있다. 남북 양쪽에서 보이는 이념적 획일성은 말할 것도 없고, 남북 대결이 정치적 저항세력의 성장을 가로막고 권력의 집중을 강화했으며, 이런 상황이 정치, 사회, 문화의 극단성도 가져왔다.

한편 국가가 주도한 **압축 성장**은 단일성과 밀집성의 결과이면서 이 조건들(특히 밀집성)을 더 강화시켰고, 거기서 파생한 한국인의 다섯 속성들도 강화시켰다. 예를 들어, 나라가 획일적이고 집중된 점이 국가 주도 산업화에 온 국민이 매진하는 것을 쉽게 만들었고, 그 과정에서 국민들의 조급성이 커지고 나라의 집중성도 더 강화되었다. 이런 식으로 상황 요인들이 한국 · 한국인의 조건 및 속성들과 상호작용하면서 영향을 미쳤다.

---

22) 지정학과 나라 크기를 상황 조건으로 보는 데 문제가 있을 수 있다. 이는 '상황'이라기보다는 '구조'적인 조건이기 때문이다. 그러나 이 요소는 한국 · 한국인의 대내적 특징보다는 대외적 태도와 행동(이를테면 사대성과 배타성)에 더 영향을 주는 요소이다. 그래서 후자의 경우에는 구조적 조건으로 볼 수 있지만, 전자의 경우에는 일종의 상황 요인 또는 간접적 요인으로 보는 것이 더 타당하리라 본다. 분단 상황과 압축 성장은 단일성, 밀집성보다 단기적인 요인으로서, 상황 요인으로 보는 데 무리가 없다.

바. 보편성과 특수성

한 사회의 특징을 서술하다보면 반드시 다음과 같은 의문에 마주치게 된다. 그것이 과연 얼마나 '고유'한 것인가, 다른 사회에는 그런 것이 없는가 하는 의문이다. 또 그런 고유성이나 특수성을 밝히는 것이 한국뿐 아니라 사회 일반에 관한 우리의 이해 증진에 무슨 도움을 줄 수 있는가 하는 의문이다. 이를 문답 형식으로 간단히 알아보자.

1) 위에서 말한 한국의 두 가지 조건, 곧 단일성, 밀집성은 한국에만 있는 고유한 특징인가?
   거의 그렇다고 할 수 있다. 단일성과 밀집성을 같이 갖춘 나라는 세상에서 찾기 어렵다.

2) 그러면 다섯 가지 속성들은 어떤가?
   획일성 등 다섯 가지 속성들은 다른 나라에서도 볼 수 있다. 그만큼 덜 고유하고 덜 특수하다. 그러나 이런 다섯 가지 속성들이 모두 진하게 나타나는 곳은 한국밖에 생각나지 않는다. 내가 모르는 다른 곳도 있을지는 모르겠다.

3) 한국 · 한국인의 다섯 가지 속성들이 반드시 단일성, 밀집성 때문에 생겼는가?
   반드시 그렇지는 않을 것이다. 그러나 이것이 '원초적'인 원인이다. 다른 사회에도 그런 다섯 가지 속성들 중 일부가 나타난다면 그것은 무엇 때문인지를 따로 살펴보아야 할 것이다.

4) 이런 생각의 과정을 통해 단일성, 밀집성의 조건들과 획일성 등 다섯 가지 속성들이 비교사회론에서 어떤 이론적 지위를 가지는지를 알아볼 수 있다.

5) 한국 사회의 특수성을 강조하는 것이 어떤 뜻이 있는가? 한국이 특수하다고 해서 한국 사회가 다른 사회와 아주 다르다 는 것은 아니다. 여러 사회에 공통된, 다시 말해 보편적인 부분 들이 더 많을 수도 있다. 어느 곳이든 인간과 사회의 보편적인 부분들이 있고, 이 부분들은 기존의 서양 이론들로 설명할 수 있다. 여기서 한국의 '고유성'에 초점을 맞추는 것은 한국 사회 를 더 잘 이해하기 위해서이지, 고유성이 한국 사회에 보편성보 다 더 중요하기 때문은 아니다.

6) 다시 말해, 고유성과 중요도는 다르다. 더 고유한 것이 덜 고유 한 것보다 반드시 한국 사회에 더 중요하리라는 법도 없으며, 거꾸로 외국에도 많이 있는 특징이라고 해서 한국 사회에 반드 시 덜 중요하리라는 법도 없다. 한국에만 있지 않고 다른 나라 에도 있는 특징들이 현실 세계에서 더 중요한 작용을 할 수도 있다. 예를 들자면, 산업화, 민주화, 인간 관계 등에서 보편적인 부분들이 한국에 특수한 부분보다 더 많을 수도 있다. 다만 이 보편적인 부분들은 이 글의 주제에서 벗어날 뿐이다.

7) 하지만, 단일성과 밀집성은 여전히 한국 사회의 고유한 특징일 뿐 아니라 한국 사회를 이해하는 데 중요한 기본 조건이다. 그 런 점에서는 우리가 제시한 다섯 가지 속성들도 마찬가지다.

사. 변화와 그 요인들

그런데 한국의 사회 구조와 한국 사람들의 가치관, 행동 양태는 고 정되지 않고 변한다. 그 변화의 속도는 근대 산업화 사회로 진입한 뒤 더 빨라졌고 변화의 폭은 더 넓어졌다. 그러면 한국·한국인의 특징

은 얼마나 변할 수 있을 것인가? 다른 말로 하면, 그 특징들은 언제까
지 얼마나 더 한국의 독특한 특성으로 지속될 것인가?

　우선, 사회와 사람의 단일성은 기본적으로 계속 유지될 것이다. 한
국인의 단일 민족적 속성은 기본적으로 변하지 않을 것이다. 그러나
앞으로 외국인 노동자가 더 많이 유입될 것이고, 외국인의 출입이 지
금보다 더 많아질 것이다. 그런 점에서 사회 구성원의 단일성이 지금
보다는 약화될 것이다. 더구나 남북한이 통일된다면 단일 민족의 단
일성을 주장할 수 없을 만큼 남북한 출신 주민들 사이의 이질성이 클
것이다. 이 점에서는 민족적 단일성보다는 오히려 지역적 이질성이
더 큰 사회적 특성으로 등장할지도 모른다. 게다가 지금 정부가 추진
하고 있는 지역 분권 작업이 계속되면 지금보다는 단일성의 요소가
줄어들 가능성이 있다. 따라서 전체적으로 볼 때, 다른 나라에 비해서
는 한국에 단일 사회의 요소가 여전히 강하지만 차츰 줄어들고 있다
고 할 수 있다.

　한국 사회의 밀집성을 근본적으로 해소할 요인은 지금 한국에 없
다. 좁은 땅, 많은 인구의 특징은 해외 이민으로 해결될 수 없다. 출산
율이 낮아져서 인구 증가가 둔화되었지만, 그렇다고 이것이 밀집 사
회의 속성을 바꿀 정도는 아니다. 남북한이 통일되고 지역 분산이 이
루어지면 밀집성은 상당히 해소할 수 있다. 하지만 그것이 반드시 실
현될 수 있을지 장담할 수 없을 뿐 아니라 남북한 통일이 서울-수도권
의 밀집성을 더 악화시킬 수도 있다.

　이런 여러 점들을 고려하면 한국 사회의 독특한 조건인 단일성과
밀집성은 어느 정도 약화될 수 있지만 기본적으로 유지될 것이라고
결론지을 수 있다. 그렇다면 이 조건의 결과 나타나는 한국 · 한국인
의 속성들도 기본적으로 유지된다고 볼 수 있다. 그러나 변화를 몰고
올 요인들은 많이 있다.

　무엇보다 단일성과 밀집성의 조건이 어느 정도 바뀔 뿐 아니라, 그
두 조건들 때문에 한국 사회가 크게 변하기도 한다. 특히 밀집 사회의

결과 나타난 우리의 조급성과 역동성의 특징들이 한국 사회의 빠르고 역동적인 변화를 불러온다. 압축 고도성장이 대표적인 예다. 또 그에 따른 사회문화적 변화도 엄청나다. 예전에는 성리학의 명분론 때문에 서구 문물에 대한 저항이 컸지만, 일단 그 선(임계점)이 무너진 뒤, 서구 문물의 수용과 변화(근대화, 세계화)의 추구가 다른 어느 나라보다 빠르고 크다. 전통의 해체도 다른 어느 사회에 비해서도 과격했으며, 새것으로 옛것을 바꾸는 속도 또한 다른 어느 나라에 비해서도 빠르다. 조급하고 역동적인 한국인들의 특징 덕분이다.

발전 단계의 변화에 따른 사회 구조와 의식의 변화도 주목할 만하다. 이제 한국 사회는 더 이상 초기 산업화 단계에 있지 않으며, 후기 산업화, 정보산업화의 단계로 돌입하였고, 이에 따라 많은 변화가 생겼다.

아직도 한국 사회는 '획일성'이 강하지만, 문화·정치적 다양성은 커지고 있다. 이전의 유교적 전통은 점차 희석되고 서양의 다양한 근대적·탈근대적 가치들이 유입되어 한국 사회는 점차 다양해지고 있다. (신)자유주의, 개인주의, 다원주의, 생태주의, 여성주의 등등 다양한 가치들이 한국 사회에 침투하여 상당한 힘을 발휘하고 있다. 세계화의 공격 아래 외래 문물의 자리가 점점 커져서 '폐쇄적인 한국'이라는 이미지도 차츰 엷어질 뿐 아니라, 오히려 지나칠 정도로 자기 것을 깔보고 외국 것을 숭상하는 신사대주의적 경향마저 커지고 있다.

변화의 속도와 내용에는 발전 단계가 중요한 역할을 한다. 한국 사회가 초기 발전 단계에서 성숙 발전 단계로 갈수록 사회의 '역동성'과 변화의 속도는 눈에 띄게 줄어들 것이다. 경제성장률도 더 이상 고도성장의 수치를 보일 수 없다. 사회가 그만큼 단순하지 않고 복잡해지기 때문이다.

일상생활의 '조급성'도 마찬가지다. 한국 사회는 여전히 성숙한 사회가 아니고 발전 도상에 있기 때문에 조급한 마음과 행동들이 하루아침에 없어지지는 않을 것이지만, 사회 구조의 변화 속도가 줄어드는 만큼 사람들의 행태 또한 조급함이나 속도가 조금씩 줄어들 것이다.

'극단성' 또한 사회가 성숙할수록 줄어들 것이다. 정파들 사이의 극단적 대립이 줄어들고 민주적 타협도 점차 자리를 잡아갈 수 있다. 교육 문제의 극단화는 단시일 안에 해결될 것 같지 않지만, 이 또한 시간이 지나면서 서서히 자리를 잡아가기를 기대할 수 있다.

한국 사회가 더 발전하고 다양해지면 '집중성'도 약화될 수 있으나, 매우 시간이 걸릴 것이며 반드시 그렇게 된다고 보장할 수도 없다. 다시 말해 우리의 다섯 속성 중 집중성의 완화가 가장 어렵고 시간이 걸릴 것으로 보인다. 특히 계급 격차나 부의 집중이 완화되리라고 기대하기는 어려울 것 같다. 이는 한국 사회의 고유한 조건보다는 현대 자본주의의 속성과 관계있는 것이며, 그 속성상 계급 격차가 완화되기는 어렵기 때문이다.

아. 결론

이 논문에서 제시한 한국인론의 분석틀은 사실 그리 새로운 것이 아니라고 할 수도 있다. 예전부터 지정학이나 풍토, 기후의 조건들이 사람들의 행동이나 사고방식에 큰 영향을 끼친다는 생각은 많은 사람들이 해 왔고, 이것이 이른바 '국민성론'으로 나타나기도 했다. 요즘 와서는 이런 논리들이 비과학적이라고 비판받고 힘을 잃었다. 그러나 한국에 대해서는 한 번도 이런 비과학적인 국민성론이라도 체계적으로 시도된 적이 없다.

우리가 여기서 제시하는 것이 오래된 국민성론의 재판은 아니다. 국민성론의 가장 큰 문제점은 국민성이나 그에 영향을 미치는 조건들을 고정된 것으로 본다는 점에 있다. 그러나 국민성론이 문제가 많기는 해도, 여전히 지정학이나 인구·지리적 조건들이 한 나라 주민의 성격에 중요한 영향을 미친다는 사실은 부인할 수 없다고 본다. 특히 한국같이 매우 특이한 조건에 사는 사람들에게 그것은 매우 중요한 조건이다. 넓은 땅에서 여러 족속들과 어울려 사는 사람들과 좁은 땅에서 똑 같이 생긴 사람들끼리 어깨를 부딪히며 사는 사람들이 매우 다른 행동을 보이리라는 것은 상식에 속하지 않겠는가? 이런 상식을 부인하고서는 아무리 고상한 철학적 명제라도 한국인의 특성을 제대로 파악하지 못할 것이다.

이 논문에서 제시한 한국의 여러 특징들에 대한 연구가 한국 사회의 앞날에 어떤 의미를 지닐 것인지를 탐구해야 한다. 구체적으로 다음과 같은 질문들에 대한 해답을 구해야 한다.

단일 사회와 밀집 사회의 조건들이 구체적으로 어떻게 한국 사회와 한국 사람의 가치관, 구조, 행동을 결정지어 왔는가? 이 조건들 때문에 나타난 한국인과 한국 사회의 획일성, 집중성, 극단성, 조급성, 역동성이 구체적으로 어떤 분야에서 어떻게 나타나고 있는가? 이런 여러 조건들과 속성들이 바뀔 가능성은 얼마나 있으며, 바뀐다면 어떤 방향으로 바뀌어야 할 것인가? 우리에게 주어진 조건들이 숙명이 아니라면 우리는 우리의 단점을 극복하고 장점을 꽃피우기 위해 어떤 노력들을 해야 할까? 이런 문제들이 우리에게 남겨진 연구 과제라고 할 수 있다.

|참 고 문 헌|

제1장 한국 정치학, 발전하고 있는가?

강정인. 『서구 중심주의를 넘어서』. 서울: 아카넷, 2004.

김홍우 외. 『가치와 한국 정치』. 서울: 소화, 2005.

이용희. 『일반 국제 정치학(상)』. 서울: 박영사, 1962.

이호재. 『한국 외교정책의 이상과 현실: 해방 8년 민족 갈등기의 반성』. 서울: 법문사, 1986.

최봉영. 『본과 보기 문화 이론』. 서울: 지식산업사, 2002.

제2장 한글 사회과학의 모색

김영민. 『탈식민성과 우리 인문학의 글쓰기』. 서울: 민음사, 1996.

샤오, 쿵추안 지음. 최명·손문호 옮김. 『중국 정치사상사』. 서울: 서울대학교 출판부, 1998.

유키오, 츠다 지음. 김영명 옮김. 『영어 지배의 구조』. 춘천: 한림대학교 출판부, 2002.

이오덕. 『우리글 바로 쓰기 1, 2, 3』. 서울: 한길사, 1989- .

이용희. 『일반 국제정치학(상)』. 서울: 1962.

임대식. "사대주의." 『역사 비평』. 47호 (1999 여름).

조동일. 『우리 학문의 길』. 서울: 지식산업사, 1993.

조혜정. 『탈식민지 시대 지식인의 글 읽기와 삶 읽기』. 서울: 또 하나의 문
화, 1992.

학술단체협의회 엮음. 『우리 학문 속의 미국』. 서울: 한울 아카데미, 2003.

Mülhausler, Peter. *Linguistic Ecology: Language Change and
Linguistic Imperialism in the Pacific Region.* London, New
York: Routledge, 1996.

Philipson, Mark. *Linguistic Imperialism.* Oxford: Oxford University
Press, 1992.

Said, Edward W. *Orientalism: Western Conceptions of the Orient.*
London: Penguin Books, 1978.

제3장 우리 정치학의 모색: 문제와 국제정치학의 예

김명섭. "제국 정치학과 국제 정치학: 한국적 국제 정치학을 위한 모색."
『세계정치연구』 제1권 1호, 2001.

김석근. "주변부 지식인의 허위의식과 자기 정체성." 한국정치학회 편, 『한
국의 정치학: 현황과 전망』. 서울: 법문사, 1997.

김영명. 『나는 고발한다』. 서울: 한계레신문사, 2000.

김용구. 『세계관 충돌과 한말 외교사, 1866-1922』. 서울: 문학과 지성사,
2001.

김웅진. 『신화와 성화: 과학방법론의 패권 정치』. 서울: 전예원, 2001.

_____. 『과학 헤게모니의 정치적 영상』. 서울: 청목 출판사, 2005.

문승익. 『자아 준거적 정치학의 모색』. 서울: 오름, 1999.

우리 사상 연구소 편. 『우리말 철학 사전 1·2』. 서울: 지식산업사, 2001·

2002.

이상우·하영선 편. 『현대 국제 정치학』. 서울: 나남 출판, 2000.

정윤재. "'자아준거적 정치학'과 한국 정치사상 연구: 문제 해결적 접근의 탐색." 정윤재 외, 『한국 정치사상의 비교 연구』. 성남: 한국정신문화연구원, 1999.

조동일. 『세계 문학사의 전개』. 서울: 지식산업사, 2002.

홍성민. "한국 정치학의 정체성과 학자들의 아비투스." 한국정치학회 기획 "학술회의 21세기 한국 정치학의 쟁점과 과제" 발표 논문, 2000.

Baylis, John and Steve Smith, ed. *The Globalization of World Politics: An Introduction to International Relations*, 2nd ed. Oxford: Oxford University Press, 2001.

Handel, Michal I. *Weak States in the International System*. Totowa, NJ: Frank Cass, 1981.

제4장 세계화와 민족주의: 약소국의 시각

강치원. 『세계화와 한국 사회의 미래: 신자유주의적 세계화와 미국, 그 대안은 없는가』. 서울: 백의, 2000.

구춘권. 『지구화, 현실인가 또 하나의 신화인가』. 서울: 책세상, 2000.

권혁범. 『민족주의와 발전의 환상』. 서울: 솔, 2000.

김경원·임현진 공편. 『세계화의 도전과 한국의 대응』. 서울: 나남, 1995.

김동성. 『한국 민족주의 연구』. 서울: 오름, 1995.

김동춘. "국제화와 한국의 민족주의." 『역사 비평』. 겨울, 1994.

김석진·박민수 엮음. 『세계화와 신자유주의 비판을 위하여』. 서울: 공감, 1997.

김성구·김세균 외. 『자본의 세계화와 신자유주의』. 서울: 문화과학사, 1998.

김성배. "지구화 시대의 민족주의." 하영선 편.『탈근대 지구 정치학』. 서울:
　　나남, 1993.

김영명.『우리 눈으로 본 세계화와 민족주의』서울: 오름, 2002.

＿＿＿. "한국 민족주의와 자유주의: 정치적 가치의 선택."『계간 사상』
　　(2001, 가을).

김호기. "세계화와 국민국가의 위상." 김경원·임현진 공편.『세계화의 도전
　　과 한국의 대응』, 1998.

노재봉. "한국 민족주의와 자유주의." 양호민 외.『한국민족주의의 이념』.
　　서울: 아세아정책연구원, 1977.

마르틴, 한스·하랄트 슈만 지음. 강수돌 옮김.『세계화의 덫: 민주주의와
　　삶의 질에 대한 공격』. 서울: 영림 카디널, 1997.

박노영. "세계화와 민족 국가의 미래." 강치원 엮음.『세계화와 한국 사회의
　　미래』. 서울: 백의, 2000.

박호성.『남북한 민족주의 비교 연구: ‘한반도 민족주의’를 위하여』. 서울:
　　당대, 1997.

손호철. "‘세계화’와 민족 국가의 향방." 구범모 외.『세계화와 민족문화의
　　발전』. 성남: 한국정신문화연구원, 1996.

신용하. "민족 형성의 이론."『한국 사회학 연구』. 제7집, 1984.

오기평 편.『지구화와 정치변화: 지구화의 현상과 전망, 그리고 과제』. 서
　　울: 오름, 2000.

윤덕희. "사회주의권 변화와 민족주의의 부활."『한국정치학회보』. 제32집
　　2호 1998 여름.

임지현.『민족주의는 반역이다』. 서울: 소나무, 1999.

임현진.『지구 시대 세계의 변화와 한국의 발전』. 서울: 서울대학교 출판
　　부, 1998.

정진영. "세계화와 국민국가의 장래."『경제와 사회』. 가을, 1994.

조 민.『한국 민족주의 연구』. 민족통일연구원 연구보고. 서울: 민족통일

연구원, 1994.

진덕규. 『글로벌리제이션, 그리고 선택: 국민 국가의 미래』. 서울: 학문과 사상사, 2000.

Anderson, Benedict. *Imagined Communities: Reflections on the Origin and Spread of Nationalism*, 2nd ed. London: Verso, 1991.

Barry, Brian. "Political Theory, Old and New." In Robert E. Godwin and Hans-Dieter Klingmann, eds. *A New Handbook of Political Science*. Oxford: OxfordUniversity Press, 1996.

Beck, Ulrich. *What is Globalization?* Cambridge: Polity Press, 2000.

Childs, Peter and Patrick Williams. *An Introduction to Post-Colonial Theory*. Essex: Prentice-Hall, 1997.

Gellner, Ernst. *Nations and Nationalism*. Oxford: Basil Blackwell, 1983.

Handel, Michael I. *Weak States in the International System*. Totowa, NJ: Frank Cass, 1981.

Held, David. "Introduction." In David Held and Anthony McGrew, eds. *The Global Transformation Reader*. Cambridge: Polity Press, 2000.

_____ and Antohny McGrew, eds. *The Global Transformations Reader*. Cambridge: Polity Press, 2000.

Hobsbawm, Eric. *Nations and Nationalism since 1780*. Cambridge: Cambridge University Press, 1990.

Hutchinson, John and Anthony D. Smith, eds. *Nationalism: Critical Concepts in Political Science*. 전5권. London and New York: Routledge, 2000.

Kedourie, Elie. *Nationalism.* London: Huchinson, 1960.

Kofman, Eleonore and Gillian Youngs. *Globalization: Theory and Practice.* London: Printer, 1996.

Lechner, Frank J. and John Boli, eds. *The Globalization Reader.* Malden and London: Blackwell, 2000.

Miller, David. "In Defence of Nationality." In Hutchinson and Smith, eds. *Nationalism: Critical Concepts in Political Science.* 2000.

O'Meara, Patrick, Howard D. Mehlinger, and Matthew Krain, eds. *Globalization and the Challenge of a New Century: A Reader.* Bloomington and Indianapolis: Indianapolis University, 2000.

Parekh, Bhiku. "Political Theory: Traditions In Political Philoso-phy." In Robert E. Goodin, Hans-Dieter Klingemann, eds. *A New Handbook of Political Science.* Oxford: Oxford University Press, 1996.

Ray, Ash Narain. *The Third World in the Age of Globalization: Requiem or New Agenda?* Delhi: Madhyam Books, 1999.

Smith, Anthony D. *Nations and Nationalism in a Global Era.* Cambridge: Polity Press, 1995.

Skutnabb-Kangas, Tove. *Linguistic Genocide in Education or World-wide Diversity and Human Rights.* Mahwah, NJ: Lawrence Erlbaum Associates, 2000.

Tupac Amaru Revolutionary Movement. "Neo-Liberalism and Globalization." In O'Meara, Patrick, Howard D. Mehlinger, Matthew Krain, eds. *Globalization and the Challenge of a New Century: A Reader.* Bloomington and Indianapolis: Indiana-polis University, 2000.

제5장 한국 정치와 정치사상

김병국 외.『한국의 보수주의』. 고양: 인간사랑, 1999.

김영명.『우리 눈으로 본 세계화와 민족주의』. 서울: 오름, 2002.

_____.『신한국론: 단일 사회 한국, 그 빛과 그림자』. 고양, 인간사랑, 2005.

양호민 외.『한국민족주의의 이념』. 서울: 아세아정책연구원, 1977.

이나미.『한국 자유주의의 기원』. 서울: 책세상, 2001.

제6장 한국 · 한국인의 특징: 이론적 검토와 분석틀

국제한국학회 편.『한국 문화와 한국인』. 서울: 사계절, 1998.

김경동.『한국 사회 발전론』. 서울: 집문당, 2002.

김영명.『우리 눈으로 본 세계화와 민족주의』. 서울: 오름, 2002.

_____. "한국 사람들의 가치관 변화와 민주주의의 전망."『아시아 문화』(한림대학교 아시아문화연구소), 제15호, 2001.

김준호. "한국 사회의 다종교 상황과 한국인의 현세적, 중층적 신앙." 강원대학교 사회학과 엮음.『현대 한국 사회의 이해』. 춘천: 강원대학교 출판부, 2002.

김진희.『한국, 흩어져야 산다』. 서울: 백산서당, 2000.

김태길.『유교적 전통과 현대 한국』. 서울: 철학과 현실사,

그레고리 헨더슨 지음, 박행웅 · 이종산 옮김.『소용돌이의 한국 정치』. 서울: 한울 아카데미, 2000.

나카네, 지에 지음, 양현혜 옮김.『일본 사회의 인간 관계』. 서울: 소화, 1996.

모리스, 데즈먼드 지음. 김석희 옮김.『털 없는 원숭이』. 서울: 정신세계사, 1991.

조지훈.『한국 문화사 서설』. 서울: 탐구당, 1981.

양종회. "현대 한국의 가치 체계의 기원과 변동." 김일철 외. 『한국 사회의
　　　구조적 이해』. 서울: 아르케, 1999.

이정규. 『한국 사회의 학력·학벌주의: 근원과 발달』. 서울: 집문당, 2003.

알렉스 인클레스. "환태평양 지역 대중적 가치의 지속과 변화." 『동아시아
　　　비평』 (한림대학교 아시아문화연구소), 제2호, 1999.

임현진. "국가와 지배 구조: 중심 지향적 사회의 세." 김일철 외. 『한국 사회
　　　의 구조론적 이해』. 서울: 아르케, 1999.

최봉영. 『한국 문화의 성격』. 서울: 사계절, 1997.

최상진. 『한국인 심리학』. 서울: 중앙대학교 출판부, 2000.

최재석. 『한국인의 사회적 성격』. 제3판 서울: 현음사, 1994.

최준식. 『한국인에게 문화는 있는가』. 서울: 사계절, 1997.

＿＿＿. 『한국의 종교, 문화로 읽는다 1, 2』. 서울: 사계절, 1998.

한규석. 『사회 심리학의 이해』. 개정판. 서울: 학지사, 2002.

홍사중. 『한국인, 가치관은 있는가』. 서울: 사계절, 1998.

| 색 인 |

| 지은이 소개 |

김영명 …

▌약력

서울대학교 외교학과 졸업, 미 뉴욕주립대학교 정치학 박사
한림대학교 사회과학대학장, 국제학대학원장
한국정치학회 부회장, 강원정치학회 회장 역임
현재 한림대학교 정치외교학과 교수, 한글문화연대 대표

▌최근 저서

『고쳐쓴 한국 현대정치사』(1999)
『나는 고발한다』(2000)
『우리 눈으로 본 세계화와 민족주의』(2002)
『신한국론: 단일 사회 한국, 그 빛과 그림자』(2005)

우리 정치학 어떻게 하나?

인 쇄: 2006년 2월 17일
발 행: 2006년 2월 20일

지은이: 김영명
발행인: 부성옥
발행처: 도서출판 오름
등록번호: 제2-1548호(1993. 5. 11)

서울특별시 서초구 서초동 1420-6 통일시대연구소빌딩 301호
전화: (02) 585-9122, 9123 / 팩스: (02) 584-7952
E-mail: oruem@oruem.co.kr
URL: http://www.oruem.co.kr

ISBN 89-7778-257-0   93340   정가 9,000원
* 잘못된 책은 교환해 드립니다.